La France authentique

Jean Lassalle

La France authentique

2022

Éditions Glyphe

Du même auteur

La Parole donnée, Le cherche midi, 2008.

Le Retour du citoyen, Le cherche midi, 2012.

À la rencontre des Français, Le cherche midi, 2015.

Un berger à l'Élysée, La Différence, 2016.

Résistons ! Le temps est venu, La Différence, 2017.

Aurore ou crépuscule. Résistons !, Le cherche midi, 2020.

Éditions Glyphe. 2022
85, avenue Ledru-Rollin – 75012 Paris
www.editions-glyphe.com
ISBN 978-2-35285-141-7

Si vous pensez que l'aventure est dangereuse,
essayez la routine… Elle est mortelle !
Paulo Coelho

Sommaire

Françaises, Français,
Mes Chers Compatriotes,

JE PORTE dans mon cœur chacun d'entre vous.

Vous, gens des plaines, des montagnes et des bords de mer,

Vous, citadins ou provinciaux,

Vous qui partez en vacances à la neige,

Vous qui n'avez pas de quoi faire un plein d'essence,

Vous : artistes, entrepreneurs, patrons, artisans, salariés, cadres, fonctionnaires, ouvriers et paysans, actifs ou retraités,

Vous, descendants de Vercingétorix,

Vous, arrivés de la veille,

Vous, intrépides ou désespérés, solidaires ou solitaires,

Vous tous : Vous êtes la France.

Ce pays à la flamme sans nulle autre pareille. Patrie des Droits de l'Homme, éprise de justice et capable de résistances, de révolutions.

Cette France bichonnée depuis des siècles par la main de l'Homme qui ressemble, jusque dans ses plus petits recoins, à un jardin à la Le Nôtre.

Je ne peux pas laisser le désespoir s'y enraciner.

Je veux être utile. La réflexion que j'ai mûrie peut sembler « de rupture » ; elle est en réalité un retour à nos fondamentaux. Opposons lucidité et bon sens à nos vies devenues kafkaïennes.

On me demande pourquoi je ne prends pas ma retraite, pourquoi je ne retourne pas dans mon village, pourquoi je m'échine à monter à Paris chaque semaine et à me présenter devant vous aujourd'hui.

Parce que je ne supporte pas de voir ce beau pays, que j'ai connu au temps de sa grandeur, s'avilir, se laisser vendre, céder à des instincts mercantiles et se mettre en danger. Je ne supporte pas de nous voir désunis et apeurés.

Il m'arrive d'imaginer que je ferme les paupières, au soir de ma vie. De mon lit de mort, j'entends ma femme parler dans la pièce voisine. La voix noyée de larmes, elle annonce à ma fille qu'un de nos fils a laissé sa vie sur une barricade, lors d'une manifestation qui a mal tourné…

La France peut en arriver là. De dépit, elle pourrait s'immoler dans une rage fratricide.

Je ne le supporterais pas.

À rebours de ceux qui martèlent des petites phrases assassines destinées à vous rabaisser et à vous culpabiliser : « Non... », « Attention... », « Il ne faut pas... », je veux vous laisser vivre, créer, penser, oser ! Je veux ouvrir portes et fenêtres. Pour que le grand air emplisse vos poumons. Que vos cœurs battent la chamade. Et que l'esprit français revive !

Je veux que vos mains se joignent pour former une grande chaîne. Vous devrez être capables de descendre par millions dans la rue pour défendre les décisions que nous prendrons contre les financiers qui asservissent le monde. N'oublions jamais que nos querelles de clocher renforcent la puissance de ces gens-là.

Nous sommes une grande Nation. Une étincelle, et vous abattrez toutes les digues. Personne, jamais plus, ne doit nous museler.

Berger, puis patron d'une petite entreprise, j'ai été élu maire à vingt et un ans. Dans ma quatrième mandature de député, je suis un des plus anciens élus de l'Assemblée nationale. Cela me procure une expérience et une connaissance intimes de nos institutions.

J'ai foulé chaque parcelle de notre pays. J'en ai pris le pouls. Et je l'aime plus que jamais.

Certaines personnalités de la classe politico-médiatique ont beau jeu de railler quelques traits de mon caractère. Elles ne supportent pas que je ne sois pas un technocrate hors-sol. Mon indépendance les inquiète. Je ne suis l'obligé de personne.

J'aime profondément ma famille. J'aime les gens. J'aime la vie. J'aime la France. Je vous aime, passionnément. Je suis fait du même bois que vous. Je suis du pays des Villon, des Rabelais, des Guitry, des Desproges, des Coluche et tant d'autres, connus ou non, si pleins de verve et de talent. Mais quel accueil leur réserverait-on aujourd'hui ? Nos soi-disant élites n'invitent-elles pas la France à trop de bien-pensance, à un puritanisme puéril qui ne fut jamais de rigueur chez nous ?

Au lieu de celles et ceux qui hurlent et injurient, consacrés par les sondeurs d'opinion et les éditorialistes, je crois que la France réclame des figures plus authentiques. Pour venir à bout de la concentration financière et combler le vide sidéral de l'espace public, pour se réunir et se réenchanter, pour tutoyer à nouveau le Sublime, la France a besoin d'un homme de parole. Un homme fidèle et bienveillant, large d'épaules et de cœur.

Rebâtir l'État : symbole et outil

La civilisation est une vieille bâtisse, fragile et solide à la fois. Il convient de l'entretenir, afin qu'elle continue de remplir sa mission protectrice.

Il fallut des milliers d'années à l'Homme pour polir ses mœurs et se doter d'un État de droit. Athènes, Rome et la France furent des modèles en la matière. La souveraineté populaire et la Déclaration des droits de l'Homme et du Citoyen conférèrent à la France une vocation universaliste qui inspira les pays du monde entier.

Cette alchimie est aujourd'hui malmenée.

Peuple fracturé. État déficient. Gouvernants irresponsables.

Les murs se fissurent. Il pleut dans les chambres.

Mondialisation, spéculation, globalisation : les appétits d'une poignée de multinationales ont ruiné le contrat social. Il faut à ces grands prédateurs des êtres disséminés, déracinés et éperdus, plus faciles à contrôler.

On parle parfois de dictature financière. Il s'agit plutôt d'un « totalitarisme mou », qui s'est installé insidieusement au cours des trente dernières années. Impossible de le cerner. Il n'a pas de visage, pas d'armée, pas d'oriflammes, pas de voix nasillardes « larsenisantes » à nos frontières. Il s'insinue pourtant chaque jour un peu plus dans nos vies. Il en détruit l'essence jusqu'à la lie. Nous sommes vaincus. En état d'occupation.

Ainsi, la finance toute-puissante qui vous emploie est aussi celle qui vous nourrit, vous loge, vous distrait, vous informe, vous gave de biens de consommations inutiles et vous appâte devant les écrans. Elle a infiltré l'État pour s'en rendre maîtresse. Or l'État était justement la seule digue capable de barrer la route à la sauvagerie, de protéger le peuple.

Rebâtissons-le.

Les Français réclament plus d'équité et de justice. Ils veulent donner du sens à leur vie, un idéal vers lequel tendre. C'est ce qu'a révélé la crise des Gilets Jaunes, cet élan révolutionnaire, trait de génie d'un peuple à nul autre pareil.

De manière quasi prémonitoire, j'avais prévu cette crise d'idéal. La Marche qui m'a amené à la rencontre des Français, en 2013, m'a permis de sentir leurs aspirations et leurs craintes. J'avais alors alerté les pouvoirs publics en disant : « Il est minuit moins dix ».

Une façon de clamer l'urgence. Le peuple demandait à être entendu.

Aujourd'hui, les douze coups de minuit ont sonné.

Après avoir ployé pendant des décennies, le peuple de France s'est rebiffé. Avec du recul, j'observe l'incroyable énergie qui s'est déployée à partir de novembre 2018. Cette faculté du peuple éreinté à se réunir a d'ailleurs recueilli l'assentiment d'une large majorité de l'opinion publique. Les Gilets Jaunes ont ravivé le charme du vivre ensemble. Sur les ronds-points, ils ont refait le monde, devisant et fraternisant. La jeunesse a révélé son caractère éternel, sa quête de passé et d'avenir. Des grands-pères ont rencontré les petits-fils qui leur manquaient. Des mères célibataires et des ouvriers ont tenu le siège autour de braseros de fortune. Tous disaient leur rupture avec notre monde. Ce réveil populaire et fraternel renouait avec ce qu'il y a de grand dans notre histoire. Réduire cet élan au prix du gazole était volontairement simpliste. Les familles que j'ai fréquentées, samedi après samedi, sur les ronds-points ou en croisade sur les Champs-Élysées se préoccupaient d'abord et avant tout de l'avenir de leurs enfants, pour lesquels elles souffraient de ne pouvoir offrir un sort plus enviable que le leur. Fin du monde *versus* fins de mois.

Ministère éventré, flamme du Soldat inconnu outragée : la colère grondait aux pieds de nos symboles comme aux portes de nos institutions. Le mouvement a pris une ampleur telle que, l'espace de quelques jours, la peur a changé de camp. Les tenants du nouveau Système, et surtout leurs vassaux, ont craint de voir leur tête au bout d'une pique. À bas le pouvoir dérégulé ! Fin de la gabegie.

Et puis c'est allé trop loin. J'ai vu venir des cohortes d'hommes en noir. Qui étaient-ils ? Comment se mêlaient-ils si facilement aux cortèges ? J'en ai vu se déguiser soudain, tantôt en policiers, tantôt en manifestants, pour déclencher des bagarres de rue. J'ai demandé la mise en place d'une enquête parlementaire à ce sujet. En vain…

Comme on pouvait s'y attendre, l'absence d'écoute a monté les leaders du mouvement les uns contre les autres. On les a taxés de boulangisme. Et les Gilets Jaunes ont été discrédités. Le soir où le président de la République devait rendre compte des doléances d'émanation populaire et y répondre : Notre-Dame brûla. La page était tournée.

Il sera du devoir du prochain président de la République de porter une attention particulière à la France des oubliés. Car, cette France périphérique et laborieuse, celle qui compte ses sous et se couche tôt, celle qui sait que la vie sera longue et pénible, a exprimé sa volonté de participer au débat public, de vivre et d'agir, pour ne plus rester sur le bord du chemin. Les privilégiés ne pourront plus jamais faire comme s'ils ne savaient pas…

Cette formidable leçon d'humanité que fut le mouvement des Gilets Jaunes ne doit pas diviser les Français. Au contraire. Il faut les réunir derrière un destin commun. À défaut, la rancœur sédimentera et la fronde grandira. Quand on ne peut plus battre les cartes, on renverse la table.

Cloîtré de force à cause du covid, le peuple semble encore plus fracturé, presque irréconciliable.

Cette épidémie est évidemment le fait majeur du dernier quinquennat. Elle a mis au jour la capacité du Système à annihiler l'individu. Sous couvert de principe de précaution et de risque zéro, on a mis le pays à l'arrêt. On a appris à se bâillonner. On a adoubé cette doctrine maléfique : « Séparez-vous les uns des autres ». Ne plus enterrer ses morts, ne plus marier ses enfants, ne plus visiter ses parents malades, c'était la fin de l'Homme. Le coup fatal porté à la civilisation.

La *phobocratie*, ce gouvernement par la peur, reposait sur des mécanismes de mauvaise conscience et de culpabilisation. Aussi étrange que cela puisse paraître, le peuple, épuisé et terrorisé, s'est laissé faire, comme mû par une soumission volontaire.

À l'Assemblée nationale, j'ai fait partie de ceux qui ont voté contre les lois liberticides : Pass sanitaire et Pass vaccinal.

Ces mesures contradictoires ont exaspéré et divisé les Français. Sans la confiance du peuple, la politique sanitaire était vouée à l'échec. Ce traitement différencié entre Français vaccinés et Français non vaccinés est inacceptable. Il divise notre pays sans résoudre les problèmes de fond auxquels nous devons faire face.

Les deux années écoulées ont rendu plus criant encore l'abandon de nos services de santé. Selon une étude de la DREES (Direction de la Recherche, des Études, de l'Évaluation et des Statistiques), 27 000 lits d'hôpitaux ont été supprimés depuis 2013. Pire, on a continué d'en fermer pendant l'épidémie (9 % de lits fermés en septembre 2019 contre 19 % en septembre 2021).

Pour corriger ce laxisme, je propose de lancer un plan Marshall de la Santé.

Notre système de santé doit être à la hauteur des enjeux d'aujourd'hui et de demain. Nous devons rétablir les services de soins de proximité, nous devons rouvrir des lits d'hôpitaux et de réanimation, nous devons venir en aide à la médecine de ville qui s'est dégradée. Pour cela, nous devrons relancer la Recherche, qui subit depuis trente ans d'importantes coupes budgétaires, au point que nous sommes devenus dépendants des pays anglo-saxons et de la Chine. Redonnons à la Santé les moyens humains, matériels et financiers qu'elle nécessite. J'en fais une des priorités de mon projet présidentiel. Nous devons reconquérir notre autosuffisance sanitaire !

Cette peur globalisée, cette hystérie mondiale, nous ont placés en état de sidération. Un choc semblable à celui de Mai 40, lorsque notre armée, réputée être une des plus redoutables au monde, fut pulvérisée en trois semaines. Or, quel meilleur moyen que la sidération pour endiguer, canaliser, faire fléchir la masse ? Les mesures prises contre le covid ont engendré un chaos social et humain insupportable : enfants privés d'insouciance, jeunesse coupée de son avenir, adultes traumatisés. La violence, au sein des foyers, est allée croissant. La fracture court d'un bout à l'autre de la société. On se déchire jusque dans l'intime. Voilà la nouvelle affaire Dreyfus ! Il y a les *pour* et les *contre*, les anxieux et les confiants. Montés les uns contre les autres, renvoyés dos à dos, ils ne parviennent même plus à se parler. Le prochain président de la République aura pour devoir impérieux de combler cette tranchée, de réconcilier les Français. Pour cela, il faut un Idéal et un État.

À l'heure où les candidats se mettent en ordre de bataille pour les élections d'avril 2022, je me dois d'évoquer le fonctionnement des médias nationaux et des instituts de sondage, en vous narrant ma candidature de 2017.

Je ne m'étends pas sur le fait que les informations se succèdent à une vitesse telle, presque stroboscopique, qu'il est impossible d'en corréler aucune, ce qui est une façon de nuire à l'intelligence…

Je m'interroge sur ce qui reste du pluralisme. Autrement dit : l'élection est-elle déjà faite ?

Jusqu'en 2016, j'étais régulièrement reçu sur les plateaux de télévision et dans les émissions de radio. Un des journaux du Parlement affirmait même que j'étais le député le plus populaire de France. À trois reprises, j'avais attiré les médias du monde entier et quelques grands experts, sans verser une seule goutte de sang :

- chantant le *Se Canto* dans l'Hémicycle plongé dans un silence sidéré ;
- faisant 39 jours de grève de la faim pour éviter la délocalisation d'une entreprise ;
- marchant 6 000 kilomètres à travers la France pour rencontrer nos concitoyens.

J'ai déclaré ma candidature à la présidence de la République Française le 7 avril 2016. Dans les jours qui suivirent, *black-out* médiatique.

Staline envoyait ses opposants en Sibérie. Les Américains cloîtrent les leurs à Guantánamo. Le nouveau Système les prive de voix et attend qu'ils se dessèchent sur place.

Notre pays se posera un jour, j'espère le plus rapidement possible, la question de sa liberté d'expression. Tout est tellement verrouillé que je me demande si un mouvement comme celui de la Résistance, lors de la dernière guerre, pourrait émerger de nos jours.

Au-delà de mon cas personnel, la concentration de l'édition et des médias atteint des sommets inquiétants. Contraints de jouer le jeu du Système, les grands élus accèdent au pouvoir pieds et mains liés. À qui le futur président sera-t-il redevable de son élection ?

Pour mémoire, Bernard Arnault, via LVMH, possède *Les Échos*, *Le Parisien*, *Radio Classique*... François Pinault a 47 % du groupe Artemis qui détient *Le Point*. Patrick Drahi est actionnaire majoritaire d'Altice, propriétaire de *RMC*, *BFM* et *L'Express*.

Xavier Niel et ses deux comparses, l'un tchèque et l'autre espagnol, détiennent plus de 90 % du capital du *Monde*. Il en est de même pour *L'Obs*...[1]

Quant à Vincent Bolloré, il contrôle *Canal+*, *C8*, *C News*, *Télé-Loisirs*, *Gala*, *Voici*, *Femme Actuelle*, *Géo*, *Capital*... et 51 maisons d'édition via Editis.

Plus de 90 % des médias nationaux sont détenus par une poignée de milliardaires. Les éditeurs sont avalés les uns après les autres. Même les instituts de sondage appartiennent à des groupes dont les visées ne sont évidemment pas neutres. Ils n'ont plus un rôle informatif mais prescriptif. Le fait de placer un candidat en queue de peloton sur toute la durée de la campagne le disqualifie irrémédiablement.

Que reste-t-il de la liberté d'informer quand les éditorialistes et les sondeurs obéissent aux ordres des grands fauves du capital et de la finance spéculative ?

Jour après jour, les Français sont trompés, contrôlés, manipulés.

Si je les dénonce, je veux aussi parler à ces grands privilégiés et à leurs vassaux. À quoi bon demeurer dans votre exil doré, en marge du monde ? À quoi bon continuer d'investir avec malveillance quand vos empires sont déjà indétrônables ? Un peu de vertu et d'intérêt commun, n'est-ce pas là la vraie grandeur ?

---

1. https://www.liberation.fr/economie/medias/le-monde-xavier-niel-recupere-les-parts-de-matthieu-pigasse-20220125_QA46SB7UPVDA3MQEOOXCO37WRA/

Vos enfants s'entre-déchireront sur vos tombes. Vous n'emporterez rien avec vous.

J'en reviens ainsi à mon point de départ : l'État, ce garde-fou contre l'ubris.

Si je plaide pour la Résistance, il s'agit d'une résistance pacifique. Je ne veux pas de barricades. Je veux refonder l'Union nationale dans un État intègre.

Le peuple souverain doit nous arracher une fois encore à la barbarie. La France doit à nouveau proclamer son humanité et son universalisme à la face du monde. Le peuple doit se donner des dirigeants à hauteur d'Homme et dignes de l'Histoire.

La confiance, voilà la clef de la politique.

Pour ce faire, les institutions doivent être en bon ordre de fonctionnement : déconcentrées, décentralisées et dédiées au bien commun.

À ceux qui me rétorqueraient que je suis naïf, que l'argent manque, je répondrais qu'avant le covid les privations budgétaires frappaient les sujets fondamentaux de notre société : retraites, recherche, défense, éducation… mais que, du jour au lendemain, une pluie d'aides financières s'est abattue sur nos têtes. « Quoi qu'il en coûte ! » Qui surgira pour réclamer son dû au moment où nous nous y attendrons le moins ? À qui, à quoi sommes-nous attachés ?

Je veux reconstruire l'État.

Cet État devra être un symbole et un outil au service du peuple dans son entier, et de celui qu'il choisira précisément comme chef de l'État.

L'État symbole

La politique est un art qui ne peut se passer de symboles. Nos rois ont eu l'idée géniale de construire la France autour de ses provinces. Cela a fonctionné à merveille dès lors que l'État, appareil informel au service de tous, a été incarné par un Homme.

Observez la dimension irrationnelle et affective du pouvoir. Un lien quasi mimétique unit un peuple à son dirigeant. Bonne vivante sous Chirac, nerveuse sous Sarkozy, la France est placide sous Hollande, acerbe sous Macron. Cette identification aliène ou motive les initiatives économiques et artistiques. Dans le même temps, il s'agit pour un élu de savoir lire dans le cœur du peuple pour incarner ses manières de voir et d'espérer. Et s'en faire aimer.

Réhabilitons notre devise; finissons-en avec les rapines et les normes pour revenir à une vision plus noble.

L'État outil

L'État étant chargé de définir et de mettre en œuvre les politiques publiques, il ne devra être à la solde d'aucune banque ni d'aucune institution étrangère. Les méthodes pour ce faire ne sont pas neuves; elles ont fait leurs preuves par le passé, j'y reviendrai dans le corps de cet ouvrage, les voici :

- refonder nos institutions et susciter l'engagement citoyen ;
- développer la Recherche, fondamentale et appliquée ;

– refonder l'Instruction publique;
– rétablir le Service national universel, militaire ou civil;
– simplifier et articuler au mieux les collectivités territoriales;
– résorber les écarts entre les territoires;
– replacer les oubliés au cœur du lien social.[1]

Mes chers compatriotes, le chef de l'État que vous élirez sera à la fois le garant et le passeur du pouvoir.

Face à un projet aussi ambitieux et impérieux, il ne disposera, comme toujours dans l'histoire politique, que de quelques années pour agir. Malgré le contexte actuel et le court laps de temps dont il disposera, il devra poser les trois ou quatre jalons qui permettront l'avènement d'un destin nouveau. Ce dernier, tel celui issu du Conseil National de la Résistance, aura une durée de vie d'un demi-siècle tout au plus. Il faut être lucide, et avoir conscience des limites qui pèsent sur une action, pour lui donner la plus grande portée possible.

Mon projet le voici : réconcilier la France désorientée avec elle-même. Laisser le soleil réchauffer les cœurs et permettre à des idées généreuses de germer pour les générations futures.

---

1. Le projet que je porte aujourd'hui s'adosse à une réflexion mûrie de longue date, largement détaillée dans mon précédent livre : *Aurore ou crépuscule, Résistons !*, paru aux Éditions du cherche midi en juin 2020.

Relancer la Recherche

Au cours des derniers siècles, l'Homme a avancé avec l'idée que l'avenir de ses enfants serait meilleur que le sien. C'était la raison d'être de la civilisation qui, par ses proclamations et ses écrits, s'est attachée au respect de l'intégrité des Nations et de la personne humaine. La Recherche a permis d'honorer cette vision, cette exigence sublime. Appliquée ou fondamentale, la Recherche est un moteur de puissance et de rêve. C'est d'elle que découlent les progrès économiques et sociaux d'une Nation.

Souvenez-vous de la découverte du polonium par Pierre et Marie Curie, du vaccin contre la rage de Louis Pasteur ainsi que des inventions qui ont permis aux montgolfières, au télégraphe, à la télévision en couleur, au TGV et au Concorde de voir le jour. Quelle formidable impulsion donnée par ces innovations !

À l'heure des bouleversements causés par l'allongement de la vie et la frénésie de nos sociétés, seule la Recherche peut nous permettre de revenir sur nous-mêmes, de nous interroger et de nous comprendre pour nous tourner vers l'avenir.

Ne lésinons pas sur les moyens. Inspirons-nous des années 1960, lorsqu'une part conséquente du budget de l'État était allouée à la science. Gratifions nos savants à la mesure de leur tâche. Ceux que j'ai rencontrés se disent motivés par leur travail mais déçus des missions qui leur sont confiées, trop passéistes ou abstraites. Il s'agit aussi de stopper la fuite des cerveaux. En restaurant nos savoir-faire, nous serons mieux armés dans le jeu mondial. Des mésaventures telles que l'EPR de Flamanville pourront être ainsi évitées.

Un État en bon ordre de fonctionnement sera à même de définir les grandes orientations : santé, sciences cognitives et du comportement, physique quantique...

La recherche spatiale est, en premier lieu, un horizon à reconquérir. Comment l'Homme du XXIe siècle peut-il demeurer aussi ignorant du vaste univers qui l'entoure ? Qui saura dire si des êtres vivants se trouvent dans d'autres galaxies ? Qui percera le mystère des étoiles : trous noirs, big-bang... ? Le 12 septembre 1962, le président Kennedy prononça un discours poignant sur la conquête de l'espace : « Nous avons choisi d'aller sur la Lune au cours de cette décennie et d'accomplir d'autres choses encore, non pas parce que c'est facile, mais justement parce que c'est difficile. Parce que cet objectif servira à organiser et à offrir le meilleur de notre énergie et de notre savoir-faire. » Le peuple galvanisé suivit comme un seul homme. Les Américains eurent conscience que John Fitzgerald Kennedy pouvait éviter une Troisième Guerre mondiale. L'URSS s'engagea sur cette même voie. Un paradigme nouveau était posé : la perspective d'un futur ouvert à tous.

La Recherche devra investir le vaste champ des énergies du futur.

L'or noir, avec son lot de guerres et de drames écologiques, a fait son temps. Quant aux éoliennes, énergies intermittentes qui défigurent nos paysages et posent l'épineux problème du recyclage des matériaux qui les constituent, elles ne me semblent pas adaptées à l'avenir.

L'énergie solaire est infinie et plus prometteuse. Notre industrie devrait proposer de meilleures solutions que les plaques préfabriquées en Chine. Le laboratoire de Font-Romeu a par exemple conçu des miroirs convexes qui réfléchissent l'énergie de la lumière dont l'arc électrique, au point de convergence, dégage une incroyable puissance.

L'attention de la Recherche devra aussi porter sur les énergies maritimes et la géothermie. Elle se penchera sur les sols pour en découvrir les ressources durables encore inexploitées.

La Recherche devrait ainsi approfondir la perception que nous avons du changement climatique. Ces dernières années, quelques organisations et autres institutions se sont organisées de par le monde pour s'autoproclamer garantes d'une écologie pure. Or, cette écologie, que je qualifierais de mercantile, est érigée en dogme. Rappelons, pour ne citer que lui, que le WWF (World Wildlife Fund), un des instigateurs du mouvement, est financé par de redoutables prédateurs. Ces organisations ont-elles changé quoi que ce soit aux causes profondes du dérèglement climatique ? Non. Le capitalisme, industriel puis financier, n'a-t-il pas suscité l'illusion d'une défense de la nature qui sert, en réalité, ses propres intérêts ? À cet égard, que penser de l'attribution de la prochaine Coupe du monde de football au Qatar, avec ses stades démontables certes, climatisés bien entendu. Je ne me souviens pas d'avoir entendu de protestations majeures… On veut nous persuader que les plus grands pollueurs sont des bienfaiteurs tandis que ceux qui s'occupent de la nature, avec toute leur force et leur amour, sont des destructeurs. Un peu de bon sens. Qui peut croire que nos vaches, nos routes, nos industries, notre agriculture sont à incriminer ?

Sans agir impunément, il faut raison garder. Ceux qui militent honnêtement pour la protection de la nature sont compris et respectés de tous. Les ressources naturelles, la pureté de l'air et la biodiversité doivent sans conteste être préservées. Mais cela ne doit pas se traduire par une sanction des petits au profit des gros. Car qui broie des poussins par millions, qui entasse bovins et porcins dans des hangars à perte de vue ? Sûrement pas les petits exploitants.

Enjeu majeur, l'écologie est devenue une arme de guerre. Il faut mettre fin à cette mystification. Abolir la sensiblerie pour revenir à une sensibilité plus humaine. Les indicateurs climatologiques, par exemple, sont aussi récents que la planète est vieille. Sa capacité de résilience est grande. Souvenons-nous que le Groenland, littéralement « bande verte », était dans la Bible une steppe que les cavaliers parcouraient au galop, soulevant des nuages de poussière derrière eux…

Comme le disait Albert Camus : « N'écoutons pas trop ceux qui crient à la fin du monde. »

La Recherche, enfin, pourrait aussi avoir un rôle pacificateur. La société n'a jamais été aussi fébrile, encline à la nervosité et aux fâcheries. Éveillons l'intelligence comme facteur de sociabilisation.

L'Homme est un nouveau continent…

MES PROPOSITIONS

- **Développer la recherche sur les transformations de l'humanité et la communication entre les Hommes.** Il nous faut comprendre comment l'Homme se transforme lui-même. Quelles répercussions sur nos façons de voir et de penser ont les progrès en matière de biologie, de génétique et de nouvelles technologies ? Développons la recherche en psychologie, en sociologie et en organisation du travail. La famille aussi mérite d'être érigée en terrain d'étude. Par ailleurs, ingénieurs et chercheurs devraient pouvoir changer de sujet ou de discipline au cours de leur carrière pour une perception systémique de ces enjeux.

- **Préparer la transition énergétique du nucléaire.** Rénover et prolonger de 25 ans les centrales nucléaires en fin de vie. Développer les centrales nucléaires de 4e génération (plus sûres que les précédentes). Investir dans l'énergie de demain avec la fusion (projet ITER de Cadarache).

- **Miser sur les énergies renouvelables.** Stopper l'éolien. Il convient dès à présent d'interdire les projets éoliens non validés par les maires, après consultation des habitants. Développer la recherche fondamentale sur l'énergie photovoltaïque afin de vérifier sa viabilité et sa rentabilité. Développer l'énergie solaire (production et stockage) avec pour objectif de créer des centrales solaires. Développer l'énergie de la mer (houle, écart thermique entre la surface et les grands fonds, etc.). Exploitons l'atout précieux que constitue notre façade maritime. La puissance de la houle représente cinq fois l'énergie produite par l'Homme.

- **Développer la recherche en matière de milieu océanique et de biodiversité marine.** Mers et fonds sous-marins sont un trésor inexploré qui renferme les secrets de notre passé et de notre avenir. La France, deuxième façade maritime du monde, en détient 11 millions de kilomètres carrés. L'énergie de la mer, en mouvement incessant, avec son littoral et ses formidables gradients thermiques est un champ de recherche prodigieux. En outre, de multiples espèces sous-marines restent à découvrir. Les algues et l'aquaculture n'ont pas livré tous leurs secrets en matières alimentaire, énergétique et pharmaceutique. De même, nous devons étudier la façon dont les courants océaniques dictent nos climats, affectés par l'activité humaine…

- **Développer la recherche spatiale dans un esprit pionnier et souverain, afin de ne plus laisser cet univers être exploité par de riches milliardaires aux fins commerciales et personnelles.**

- **Lancer des appels d'offres pour la recherche pharmaceutique sur les maladies orphelines, au lieu des actuels crédits d'impôts.** Il s'agit d'orienter les chercheurs vers les enjeux de santé les plus urgents et non plus vers les marchés les plus lucratifs. Les conclusions de la Recherche appartiendront ainsi aux pouvoirs publics au lieu d'être le jouet d'une spéculation entre fonds internationaux.

- **Libérer le savoir issu de la Recherche publique, en garantissant son libre accès en ligne.** Les avis des internautes sur tel ou tel sujet sont consultables gratuitement alors qu'il faut payer 40 ou 50 euros pour lire l'article d'un chercheur rémunéré sur les fonds publics. Il faut y remédier.

- **Créer une commission réunissant l'ensemble des acteurs concernés, habilitée à lever les brevets dont l'usage et l'exploitation sont vitaux.**

Les vertus de l'Instruction publique

Seule l'École pourra résoudre la fragmentation de notre société et refonder le peuple souverain. Pour saisir son immense potentiel, il faut prendre la mesure de la crise des valeurs que nous traversons.

Le paradoxe de la France, le voici : une place revendiquée dans l'économie de marché et la volonté d'assurer un service public optimum.

Il y a une trentaine d'années encore, l'échange d'idées faisait la part belle aux peuples. Le débat battait son plein ; gauche progressiste et droite libérale se livraient à de véritables débats d'idées. La jeunesse avait foi en l'avenir ; elle se choisirait un destin sans avoir à patauger dans des rivières de sang. La liberté, l'égalité et la fraternité n'étaient pas de vains mots. L'Occident semblait épris de démocratie, de fraternité, d'équité et de justice. De formidables écrits, traités de paix, constitutions, etc., épinglèrent ces valeurs au fronton de nos vies. La force du verbe et de la plume mit un terme à la loi du plus fort. Après avoir domestiqué le feu et les animaux, l'Homme semblait enfin s'être domestiqué lui-même.

Une montée en civilisation sans pareil.

Aujourd'hui qu'observe-t-on ? Inégalités et rapacité couvaient derrière le paravent du libéralisme. Notre beau pays, soumis aux coups de boutoir de la finance débridée, se fractionne. Comme un ver de terre, coupé en morceaux par un coup de bêche ! Les tronçons épars bougent encore et se tortillent mais, séparés les uns des autres, ils ne font pas long feu.

C'est dans ce contexte que je veux redonner à l'École ses lettres de noblesse. Elle seule peut refonder la Nation et empêcher la France d'être phagocytée par le global.

Le classement PISA sur les performances scolaires nous classe au 26e rang sur 70 pays, il y a donc du chemin à faire.

Tout d'abord, il convient de revenir à cette idée simple que l'École instruit. Elle transmet le savoir. L'éducation incombant à la famille, les parents doivent s'intéresser de près à leurs enfants, s'impliquer dans une démarche complémentaire à celle de l'École. C'est la raison pour laquelle un salaire parental pourrait voir le jour. Ce traitement (déjà mis en place par le Conseil National de la Résistance) permettrait de sortir certaines familles de la précarité et de les associer au devenir de l'enfant.

Nous devons concentrer notre énergie sur les apprentissages fondamentaux (lire, écrire, compter) auxquels les deux tiers du temps scolaire doivent être consacrés. L'enseignement doit d'abord se faire en français. Le cerveau d'un enfant étant une éponge, il apprendra un peu plus tard, toujours dès le primaire, une seconde langue (étrangère ou régionale). De même, la pratique des arts martiaux pour renforcer son corps et sa confiance en soi.

De plus, dans notre monde moderne, il me paraît nécessaire d'apprendre à se servir d'un ordinateur, pour ne plus être asservi aux nouvelles technologies, pour ne plus subir le diktat des GAFAM.

Le statut de l'enseignant, le « maître » disait-on autrefois, doit être « resanctuarisé ». Aucune contestation, aucune agression à son égard ne sauraient être tolérées. C'est dans le respect de cette autorité légitime que l'enfant trouvera son assise.

Par ailleurs, des Collectifs de suivi pédagogique composés d'enseignants, de parents d'élèves et de psychologues scolaires pourraient être mis en place, avec comme mission d'observer les enfants dès les petites classes pour évaluer leur comportement et leurs aptitudes naturelles. En un mot leurs talents. Ils remarqueront ainsi le petit qui fait son exercice sans bouger d'un pouce et dit avant les autres : « J'ai fini », celui qui transpire devant une feuille de calcul mais sait imprimer la volonté de son esprit à la matière, celui qui exprime une grâce encore mal définie, celui qui brouillonne devant le tableau noir et se bat dans la cour de récréation, celui qui confond les couleurs, celui qui se montre hypersensible, celui, enfin, qui est perdu parce que dyslexique, etc. Cette observation permettra d'affiner l'orientation dès le plus jeune âge.

Je veux aussi que mon quinquennat soit dédié à la revalorisation des formations professionnalisantes. Je développerai l'alternance au collège pour permettre aux enfants, ces génies de la main, qui montrent des dispositions en ce sens de s'assurer un avenir et de contribuer à l'économie et au bien commun. Ce sera l'occasion pour les entreprises de trouver le personnel qualifié qui fait si cruellement défaut dans certaines branches.

MES PROPOSITIONS

- **Revaloriser le salaire et le statut des enseignants.** Dans les années 1970, un enseignant en début de carrière touchait un salaire de 3 000 F net, soit 1,95 fois le SMIC. En 2021, il perçoit 1 500 euros net, soit 1,2 fois le SMIC. Il devrait donc toucher au moins 2 400 euros, soit près de 900 euros de plus. J'ouvrirai des négociations avec les syndicats. La France, qui vient de régresser à la 9e position sur les 11 pays de la Zone euro, doit mieux rémunérer ceux qui instruisent ses enfants.

En Allemagne, le salaire brut annuel d'un enseignant du collège en début de carrière est de 62 300 euros ; en France de 29 400. Une aberration quand on rapporte ces chiffres aux niveaux de vie.

- **Alléger les programmes scolaires en insistant sur les savoirs fondamentaux.** Apprendre à lire, écrire, compter.

- **Limiter le nombre d'élèves par classe dans toutes les écoles primaires ainsi que dans les collèges et lycées des REP-REP+.**

- **Créer des Collectifs de suivi pédagogique.** Généraliser le repérage des troubles, dès l'entrée en maternelle. Proposer une formation adaptée à chaque enseignant accueillant un élève en situation de handicap. Renforçons les RASED (Réseaux d'aides spécialisées aux élèves en difficulté) et multiplions les classes ULIS (Unités localisées pour l'inclusion scolaire) dans les établissements de divers degrés.

- **Enseigner une seconde langue (étrangère ou régionale) dès le primaire.**

- **Valoriser l'alternance et les filières professionnelles.** Il s'agit de mettre en œuvre une formation générale et une formation professionnalisante, avec un retour systématique à l'apprentissage. Au collège et au lycée, je développerai les stages en entreprises ainsi que les enseignements permettant de découvrir des matières concrètes et artisanales (bois, céramique, verre, sculpture, cuisine, textile, cuir...). Les TPE et PMI, dont les patrons peinent à se rémunérer eux-mêmes, seront aidées par l'État pour pouvoir embaucher des apprentis. Les grandes entreprises y seront quant à elles incitées par des mesures de défiscalisation. Je développerai enfin des passerelles entre formation générale et formations « professionnalisantes ». Un quart des places en IUT et universités sera ainsi réservé aux élèves issus de bacs professionnels.

- **Créer une nouvelle discipline pour maîtriser les outils numériques (et non plus les subir).** Créer un CAPES spécifique.

- **Revenir sur la réforme du bac (dite « Blanquer »).** Le baccalauréat sera rétabli comme diplôme national.

- **Nommer une majorité d'enseignants au sein du Conseil supérieur des programmes.** Ce dernier réunit aujourd'hui : trois députés, trois sénateurs, deux représentants du CESE, dix personnalités qualifiées nommées par le ministre de l'Éducation nationale pour leur connaissance du système éducatif, un président et un vice-président également nommés par le ministre.

- **Instaurer des voyages linguistiques à l'étranger et des séjours à la montagne ou à la campagne, au collège et au lycée.** Des aides étatiques et locales permettront à tout élève d'y participer : 500 euros par élève par année scolaire.

La démocratie au cœur du politique

Mes Chers Compatriotes, je ne sais plus où le pouvoir se trouve. Il n'est pas à l'Assemblée nationale. Pas davantage à Bercy ou Matignon. Le Parlement est devenu une chambre d'enregistrement. Les ordonnances volent au-dessus de la tête des députés sans qu'il leur soit possible de les saisir pour en débattre. Le Conseil Constitutionnel s'est mué en organe politique. Le Conseil Économique, Social et Environnemental est décoratif. La Constitution est galvaudée dans sa lettre et dans son application…

Des ombres nous gouvernent et manipulent nos institutions.

Et pourtant, la République devrait vivre au gré d'un jeu de va-et-vient entre des citoyens engagés et des élus qui tâchent de se montrer exemplaires, c'est-à-dire œuvrant pour le bien commun et non pour des intérêts de classe.

Le Général de Gaulle avait doté le président de pouvoirs forts, régulièrement vivifiés par la souveraineté populaire (référendum). Ce face-à-face faisait naître une inspiration et un respect mutuels. Voilà la colonne vertébrale d'une démocratie. Dans la Grèce antique, le peuple se retrouvait sur l'agora pour échanger. L'intelligence découlait de la rencontre. Les esprits se fécondaient les uns les autres. Ainsi jaillissaient des idées neuves que les élus choisis par le peuple avaient vocation à concrétiser.

Privée de vie civique et citoyenne, la France est servile et stérile.

Pour y remédier, il faut encourager le peuple à se reformer. Il faut lui faire savoir qu'il sera entendu. Les citoyens doivent retrouver leurs moyens de contrôle et, au besoin, de sanction. La reconnaissance du vote blanc comme suffrage exprimé et l'instauration du RIC (référendum d'initiative citoyenne) devraient ainsi permettre de restaurer la confiance perdue.

Une vie politique soutenue nécessite un apprentissage dès le plus jeune âge. La démocratie s'apprend. Comme les hussards noirs ont réussi l'exploit d'instruire toute une Nation en une génération, il faut permettre à tous nos enfants d'intégrer la vie publique. Ce socle commun est indispensable à la bonne marche de la vie politique du pays. Aucun trou ne doit subsister dans les mailles du filet. La civilisation ne souffre aucune démission, aucune scission en son sein.

Il faut ainsi relever une jeunesse que nous avons laissé tomber en déshérence. Qu'elle soit banlieusarde ou campagnarde, il serait bon de l'intégrer, de la rassembler et de l'impliquer. Elle est la clef qui nous permettra de changer de paradigme.

Je souhaite rétablir un Service national universel, qu'il soit militaire ou civil, à l'âge de 18 ans. Il devra donner à ces 700000 jeunes l'occasion de se mélanger et de s'initier à la vie politique. Faisons en sorte que ceux qui étaient voués à ne jamais se rencontrer, se parlent et se fédèrent autour d'une expérience commune. De ce temps passé sous les drapeaux, dans les hôpitaux et nos institutions, ils retireront tolérance, amitiés et opportunités. Un brassage pacifique et indispensable.

Enfin, je crois que les élus, de leur côté, gagneraient en prestige s'ils se montraient davantage émus par les devoirs de leur charge.

MES PROPOSITIONS

- **Reconnaître le vote blanc, qui est l'expression d'une pensée affirmée : « Je participe à l'élection mais aucun des candidats ne correspond à mes attentes. »** Il se différencie ainsi totalement de l'abstention. Ma proposition de loi constitutionnelle de février 2021, représentée en février 2022, vise à institutionnaliser la reconnaissance effective du vote blanc. Respect minimal dû aux électeurs. Une révolution pacifique interviendrait ainsi si Monsieur Blanc arrivait en tête d'une élection. Les candidats désavoués seraient amenés à en tirer les conséquences. Peuple souverain, ta parole est d'or…

- **Instaurer le RIC (référendum d'initiative citoyenne).** Sous le Général de Gaulle, la pratique référendaire était courante : quatre référendums tenus en 10 ans de présidence contre seulement cinq (dont trois sur l'Union Européenne) dans les 53 ans qui ont suivi… En plus de soumettre des questions importantes à la souveraineté populaire, le processus référendaire suscitait, à l'époque où il était plus fréquemment utilisé, une large participation. Il engageait autrefois le président, qui ne craignait pas le verdict des urnes. Ressuscitons l'esprit de la Ve République. Les hommes politiques ne doivent plus chercher à « court-circuiter » le peuple. Les modalités du RIP actuel sont hors d'atteinte pour les citoyens qui dénoncent la fausse promesse d'une mesure inapplicable. C'est pourquoi ma proposition de loi constitutionnelle de novembre 2021 sur le RIC permettrait de lancer une telle initiative, une fois recueilli le soutien de 700 000 citoyens.

- **Revoir la durée du mandat présidentiel.** Dans le contexte de défiance auquel nous sommes arrivés, le quinquennat à venir et les suivants ne bénéficieront plus de l'automaticité d'une même couleur politique à la présidentielle et aux législatives.

La durée du mandat sera en tout état de cause mise à l'épreuve de l'application des dispositions édictées ci-dessus. En effet, la reconnaissance du vote blanc et une consultation plus fréquente du peuple sous forme référendaire pourront mettre un terme à la systématicité du vote convergent entre la couleur du Président et celle des députés. La dissolution de l'Assemblée pourrait alors, elle aussi, faire son retour.

Ce contexte imposera de choisir, le moment venu, par référendum entre septennat ou maintien du quinquennat. Cette nouvelle donne fera obligation au président de la République, qui n'est pas remis en cause dans sa dimension de chef d'État, de renouer avec le principe de l'engagement sur l'honneur emblème de la Ve République, et non dans celui de sa carrière, de ses intérêts ou de ceux de ses « créanciers ». Il est la contrepartie de l'importance des pouvoirs qui lui sont conférés par la Constitution. Le peuple aura alors toute raison de revenir aux urnes.

- **Créer un Service national universel, militaire ou civil, du 15 septembre au 15 juin.** Le Service national universel sera ouvert aux jeunes majeurs, filles et garçons. Dans sa version militaire, il donnera aux conscrits les rudiments du métier de soldat au service de la République : entraînement différencié selon les armes choisies, discipline et cohésion, esprit de groupe et d'entraide, gestion du stress dans les situations à risque... Dans sa version civile, il sera une expérience partagée de mixité sociale, de citoyenneté et de fraternité, qualités essentielles pour faire Nation. Il se fera dans des associations, des écoles, des collectivités territoriales, dans les cités et dans les champs. Le Service national sera également l'opportunité pour tous d'acquérir une formation : différents permis de conduire, brevet de secourisme, etc. Il ouvrira à une première annuité de retraite, à la gratuité des transports, à l'ouverture de droits sociaux et au passage des grades d'hommes et femmes de rang. Il sera enfin l'occasion d'échanger mail et « 06 », d'établir des premières amitiés variées et durables au sein d'une classe d'âge ayant vécu une expérience commune. Les modalités d'organisation seront définies après une nécessaire étude d'impact.

- **Redonner vie au CESE (Conseil économique, social et environnemental) en lui donnant un rôle d'incubateur,** un lieu de réflexion dans lequel infuseraient des idées issues de la Recherche et des aspirations citoyennes (propositions émanant de comités locaux). Une caisse de résonance de l'opinion publique et des experts.

- **Aligner les régimes sociaux des parlementaires sur le droit commun.**

- **Abolir la Cour de justice de la République et placer les ministres sous le coup de la justice ordinaire.**

- **Le moment venu, convoquer un Conseil national de la Résistance réunissant les forces politiques et sociales, pour élaborer un nouveau contrat social.**

Retrouvons notre souveraineté économique

Un choix se pose à nous : rester esclaves ou redevenir des Hommes.

La France coule à pic. Son endettement excède les 2 800 milliards, soit 116 % du PIB. Des fleurons industriels et des savoir-faire de pointe ont été livrés en pâture à des mains étrangères ou à des *trusts* destructeurs. Alstom englouti par General Electric et avec lui une partie de notre expertise nucléaire. Suez cédé à Vinci, qui détient nos autoroutes si rentables.

Nos dirigeants sont comptables de cette faillite.

Depuis Pompidou, cet ancien de la banque Rothschild, nombre d'entre eux ont dilapidé sciemment la puissance française. En se livrant à d'infâmes magouilles et trucages, ils ont bradé notre indépendance. Certains mériteraient d'être jugés pour haute trahison.

70 % de la population française vit avec moins de 2000 euros par mois ; 10 millions de Français vivent sous le seuil de pauvreté. C'est indigne.

Nous rêvons encore d'être libres, égaux et fraternels. Mais nous n'y croyons plus. Telle une espèce en voie de disparition, nous sommes gangrenés par un sentiment d'injustice, d'inutilité, d'éloignement. En dix ans, nous avons perdu près de 100 000 exploitations rurales et 500 000 emplois dans l'industrie.

France, le glas sonne pour toi.

Dans les faits, c'est le matérialisme qui triomphe. Assujettissant toujours un peu plus l'individu, gommant les spécificités, l'idée même de globalisation effraie. L'abolition des privilèges était un progrès, celle des identités est un crime. Dans le global nous ne sommes plus rien, qu'une somme de besoins à satisfaire. Or le citoyen n'est pas qu'un consommateur. Quand un Homme a mangé, dormi, fait l'amour, il lui manque encore quelque chose. Il aspire à trouver sa place dans la multitude, à se démarquer. Ses devoirs et ses droits sont plus larges. Il cherche son expression propre par son travail, ses réalisations, sa liberté. Il lui faut lire, écrire, se distraire, échanger, rêver. Autant de choses essentielles que le vacarme ambiant rend de plus en plus difficiles. La joie intérieure a laissé place à une anxiété sourde. Comme après le passage d'un tsunami, les sociétés se retrouvent affolées et dispersées. Ainsi l'Homme est renvoyé à sa nature première : tragique et prédatrice.

L'État doit tout mettre en œuvre pour réduire les écarts entre niveaux de vie.

Si la civilisation est une vieille bâtisse, l'économie est comme l'eau et l'électricité qui en garantissent le confort. Pas de foyer sans ressources. Pas d'indépendance sans une économie et des finances saines. Un peuple ne peut être souverain s'il a le ventre vide. Encore une fois tout est lié.

La France réclame une gestion en « bon père de famille ».

Le capital doit être au service de l'Homme, et non l'inverse.

Pour ressusciter les forces vives de notre Nation, cessons de donner la priorité au gigantisme, à la concentration de firmes qui n'ont souvent plus rien de français. Barrons la route au *hold-up* de la globalisation. Encourageons les petites et moyennes initiatives, les entreprises et commerces à taille humaine. Pour cela : simplifions, facilitons. Les petits patrons ne doivent plus crouler sous les taxes et la paperasse. Rebâtissons la France à taille humaine. Pas un musée, non, un territoire innovant et dynamique, qui privilégie le « made in France » avant de se tourner vers l'étranger.

Notre indépendance est au bout du chemin.

Si la tâche peut paraître démentielle, rappelons-nous les montagnes déplacées par les Trente Glorieuses.

Il faut croire au Ciel pour qu'il existe.

Parce que j'ai foi en l'Homme, il me semble que les contrats passés entre deux acteurs économiques devraient reposer sur moins de contrainte et davantage d'engagement. Aucun bel ouvrage ne naît de l'aliénation. Une entreprise prospère quand chacun respecte l'identité de l'autre. Je ne suis pas hostile aux patrons ni à l'esprit d'entreprise, bien au contraire ; j'ai moi-même fondé et dirigé pendant trente ans une société d'une dizaine de salariés comportant ingénieurs et architectes. Veillant à la réversibilité des contrats, je voulais que mes collaborateurs se sentent bien, qu'ils renouvellent chaque jour leur engagement de leur plein gré. Il m'incombait de cultiver leur envie de rester… Ainsi nous dessinions l'avenir ensemble. Pourquoi n'en irait-il pas de même d'un pays. S'agissant des fonctionnaires par exemple, des formations pourraient leur permettre de changer de branche au cours de leur carrière et de s'adapter aux nécessaires transformations des services publics.

MES PROPOSITIONS

- **Revaloriser le SMIC à 1 400 euros net.** Cette augmentation de 8 % doperait notamment une consommation tournée vers des secteurs à bas revenus (hôtellerie, restauration).

- **Baisser la TVA sur les hydrocarbures de 20 % à 5,5 %.** Maîtriser le prix de l'eau et de l'électricité.

- **Réaliser un audit citoyen de la dette.**

- **Réaliser un audit du droit du travail pour simplifier les règles qui pèsent sur les épaules des employeurs et des salariés.** Luttons contre le poids des normes et des surréglementations.

- **Définir un plan Marshall pour la réindustrialisation de la France.**

- **Redonner à l'État l'initiative dans les secteurs-clefs de l'économie : agriculture, industrie, énergies nouvelles, automobile, aéronautique, routes, recherche spatiale…** Cela passera notamment par un achat des entreprises sensibles et stratégiques par la BPI (Banque Publique d'Investissement). Un certain nombre de « re-nationalisations » s'imposent, par exemple de : EDF, les autoroutes de France et les entreprises liées à la Défense nationale.

- **Créer des zones franches pour favoriser l'installation d'entreprises dans les communes en deçà d'un certain seuil d'habitants.** Toute activité professionnelle dont le siège est installé dans les communes de moins de 15 000 habitants sera dispensée de taxe foncière et d'impôts sur les sociétés.

- **Exonérer les TPE et PMI de charges sociales pour l'embauche des deux premiers salariés.**

- **Donner la priorité aux petites et moyennes entreprises dans les appels d'offres lancés par les collectivités locales avant ouverture aux multinationales.**

- **Rétablir l'ISF (Impôt sur la fortune) et supprimer l'IFI (Impôt sur la fortune immobilière).**

- **Maintenir la retraite par répartition.** Établir l'âge de la retraite en fonction des annuités de cotisation, dès le plus jeune âge, et créer un organisme aidant au calcul simple des points acquis au cours d'une vie professionnelle. Pour ce faire, il faut un suivi précoce. Les étudiants, en alternance comme en formation longue, pourraient percevoir une première dotation et ainsi cotiser. Il s'agit d'adapter notre société au *baby-boom* devenu *papy-boom*…

Vivent les communes !

AU COMMENCEMENT était la commune.

Napoléon permit que la France soit constituée de trois échelons s'articulant au mieux :

- le pouvoir central siégeant à Paris (Parlement et ministères) ;
- le département, que l'on devait pouvoir parcourir à cheval en une journée ;
- les communes.

Une organisation cohérente, le pouvoir « descendant » de Paris rencontrant le pouvoir « ascendant » des communes au sein du Département par l'intermédiaire des Préfets (représentants de l'État) et des Conseillers Généraux (représentants des territoires).

Il n'y a pas si longtemps, l'action cumulée de ces trois échelons représentait 70 % des investissements réalisés dans notre pays.

Les communes étaient ainsi une forge républicaine. Le fait qu'elles soient 36 000 n'était en aucun cas un motif de lourdeur, au contraire. Cela signifiait que partout en France, il se trouvait des maires, et plus de 500 000 conseillers municipaux élus au suffrage universel, pour incarner leur commune et assurer la représentation de l'État. Les maires, véritables sentinelles, étaient des figures familières auxquelles les citoyens pouvaient s'adresser dans un lien vivant et personnifié qui était la base même de la démocratie.

Par ses attributions, le maire français était l'un des maires les plus puissants du monde.

Dans ma jeunesse, j'ai effectué des tâches d'un autre âge. Avec ma mère, qui savait l'art de marcher en portant une cruche sur la tête, j'allais à pied puiser l'eau à deux kilomètres de la maison. Pas d'eau courante donc, ni chauffage, ni électricité. Évidemment pas de téléphone. Quant aux sanitaires, ils se trouvaient au fond du jardin. Une vie digne du XIXe siècle.

Durant les Trente Glorieuses, la France rurale s'est dotée des mêmes infrastructures que celles des villes : eau, électricité, téléphone, routes, systèmes d'assainissement.

Qui a été le maître d'œuvre de cette modernisation ? L'État a fixé les grandes orientations que les territoires se sont appliqués à mettre en œuvre. Communes en tête, avec l'appui des syndicats dont elles se sont dotées.

Lorsque j'ai été élu maire à vingt et un ans, ma première action a été de remembrer le cimetière.

Devenu trop exigu, il fallait jusque-là tailler au milieu des anciennes tombes, déterrer les vieux morts pour faire place aux jeunes. C'est cela aussi, la politique.

J'ai entrepris peu après de faire des routes là où il n'y avait que des chemins réservés aux attelages à vaches et à mulets. Une tâche d'envergure qui exigea un doigté de diplomate quand on sait combien la terre est sacrée et les paysans peu enclins à la voir bitumée.

L'électrification est un bon exemple pour comprendre comment ces grands chantiers furent rendus possibles. L'adduction d'eau potable et l'assainissement ont été traités de la même manière. Les syndicats d'énergie créés par les communes prélevaient une taxe infime sur chaque kilowatt distribué. Une manne colossale, qui ne coûtait pas un sou au contribuable, devint le fonds national d'électrification. Ce trésor de guerre fut géré selon un schéma mutualiste : une mécanique et une philosophie qu'il serait bon de remettre au goût du jour pour les nouveaux équipements à venir. Cela permettrait aujourd'hui de régler le problème de la téléphonie et de la 4G.

Ainsi, grâce aux communes, les conditions de vie de nos concitoyens se sont grandement améliorées. Bien gérée par les syndicats, l'installation des nouveaux équipements s'avéra finalement peu coûteuse. Aujourd'hui les caisses publiques sont à sec. Les mairies ont perdu une grande partie de leurs dotations globales d'équipement et de fonctionnement. Comment renouvellera-t-on les infrastructures devenues obsolètes ?

L'Europe et les régions sont venues greffer deux niveaux supplémentaires de pouvoir, entamant grandement son efficience. Ce fut le début de ce qu'on a appelé le millefeuille administratif.

En 1982, la loi Defferre a donné aux communes la possibilité de se regrouper entre elles. Articulées autour d'un bassin de vie cohérent, chacune des communes qui s'alliait avec d'autres gardait la maîtrise de son territoire et de ses richesses. Il s'agissait, pour une quinzaine de maires, de choisir un président parmi eux *(Primus inter pares)* et de s'asseoir autour d'une table avec des problématiques, des aspirations et des moyens communs. Une véritable application de la subsidiarité ascendante.

La situation s'est gâtée sous François Hollande. Avec les lois NOTRe et Maptam, le maire, autrefois l'élu le plus aimé de France, a conservé l'apparat du pouvoir, sans les moyens.

Depuis 2015, de nouvelles communautés de communes, mises en place par les préfets et beaucoup plus vastes, lèvent l'impôt. Elles changent radicalement l'organisation territoriale du pays qu'elles complexifient gravement sans lui apporter la moindre solution nouvelle. Elles constituent une nouvelle strate du millefeuille. Nombre de compétences autrefois communales ont été aspirées dans ces organes pléthoriques, dont la présidence a été confiée aux maires des communes dominantes. À cinquante, on ne s'entend plus. Lors des réunions, les maires sont gênés dans cette ambiance qui n'est pas faite pour eux. Ils se terrent au dernier rang, figurants impuissants d'une machinerie qui les dépasse. Cette abstraction, cette dépossession, cause beaucoup de désarroi. Les administrés continuent de se tourner vers le maire qui, toujours très sollicité, n'est plus en capacité de répondre à leurs besoins dans leur ensemble. Les administrés ont conscience de cet état de fait et le malaise s'installe. Le directeur général des services de la communauté de communes passe davantage de temps auprès du préfet qu'avec le président. Corollaire de cette technostructure, l'abstention grandit et, avec elle, le sentiment de délaissement...

Les municipales étaient pourtant l'élection la plus passionnée. La plus impitoyable aussi. Chaque nom figurant sur ce scrutin de liste était connu et jugé sur ses actions autant que sur ses qualités humaines. Ainsi, le fait que les maires, même les plus humbles, parrainent les candidats à la Présidence de la République en dit long sur leur poids au sein de notre pays. Grâce à leur parrainage, un homme ou une femme ordinaire peut prétendre s'élever à la fonction suprême. Merveilleuse alchimie.

Combien de temps les maires resteront-ils crédibles pour cette mission ? Leurs prérogatives étant affaiblies de toutes parts, je ne donne pas cher de leur avenir si rien n'est fait. Il en sera fini de la dimension familiale de la politique. De l'implication de tous pour faire vivre la maison commune : ville ou village.

Un exemple. Souvent dépossédé de son unique agent communal, dorénavant intégré à la communauté de communes, le maire est rarement libre de servir sa commune comme il l'entend. Ma Marche m'ayant conduit dans l'Est de la France, je rencontrai un jour un maire désespéré. Nous étions le 7 mai au matin et il lui fallait faucher la place du Monument aux morts pour la cérémonie du lendemain. L'unique employé municipal venait de prendre sa retraite et le président de la communauté de communes l'avait convaincu de ne pas le remplacer : « Nous embaucherons un agent de plus à la communauté de communes ; tu en disposeras chaque fois que tu en auras besoin », avait-il affirmé. Sauf que l'employé promis tardait à venir et que le maire se voyait déjà célébrer au milieu des herbes folles.

L'agent de la communauté de communes avait ce jour-là posé une journée de RTT pour partir en balade avec sa compagne… Prévenu à 9 heures du matin, il avait pris la route avec humeur pour se rendre dans une commune dont il n'avait jamais entendu parler. Les panneaux de signalisation étant rares sur la trentaine de kilomètres de petites routes à parcourir, il arriva sur les coups de midi, ivre de rage. Il hurla à la figure du premier venu, qui se trouvait être le chef de l'opposition, favorable lui aussi au maintien de l'employé communal... Un attroupement se forma autour d'eux. Les éclats de voix parvinrent à nos oreilles. Et le maire, un homme digne de plus de soixante-dix ans, se mit à pleurer. L'employé nous rejoignit, suivi de quatre ou cinq individus, et laissa éclater sa colère: «Compte tenu de l'heure, je ne ferai rien avant d'avoir déjeuné et il ne faudra surtout pas que je tarde à rentrer.» Ma mère, qui marchait à mes côtés, s'empara du rotofil et entreprit de désherber elle-même les trente mètres carrés qui entouraient le monument aux morts. Elle s'acquitta de sa tâche en un rien de temps et, tout en reposant l'engin, s'adressa à l'agent intercommunal: «Je ne sais pas où vous avez fait vos études, jeune homme, mais vous avez encore beaucoup à apprendre de la vie. Vous devriez avoir honte de mettre votre employeur dans un état pareil.» Et dans le même élan, elle s'adressa au maire pour lui suggérer doucement: «Vous auriez mieux fait de demander à un paysan de vous aider.» «Il n'y en a plus à des kilomètres», répondit-il. C'était d'une tristesse.

Nos villages et hameaux sont les maillons premiers de notre humanité. Pour qu'un peuple vive en harmonie, il lui faut des ancrages. Redonnons au maire la place et le pouvoir («clause de compétence générale») qui lui reviennent. Il doit rester cette figure forte et symbolique, ce défouloir de passions auquel les citoyens adressent leurs espoirs et leurs remontrances. Ils ont besoin de pouvoir féliciter, interroger ou rouspéter le seul élu à leur portée. Et parfois simplement de se confier à lui.

C'est pourquoi je veux abroger les lois NOTRe et Maptam, pour que les communautés de communes retrouvent leur compétence, leurs moyens et leur capacité de décider.

Il convient de mener une véritable réflexion pour organiser à nouveau les compétences de chacun, dans l'esprit de subsidiarité et de gestion en bien commun, qui devront présider à notre nouvelle organisation territoriale.

Le département, devenu conseil départemental, a, depuis plus de deux siècles, fait ses preuves.

Il faut ouvrir une réflexion concernant les régions, qui sont un élément pesant du fameux millefeuille administratif. Leur découpage actuel présente peu d'intérêt. Elles sont immenses, sans histoire commune, sans présent ni futur, et sans véritables moyens financiers. On a peut-être voulu s'inspirer des Länder allemands et des grandes régions espagnoles ou italiennes, qui ont une réalité historique et disposent d'importants moyens financiers; rien de tel chez nous. La France n'a connu ni Franco ni Mussolini. Ainsi, ne faudrait-il pas substituer à ces collectivités inefficientes et inhumaines, des entités constitutives de notre histoire?

De grandes provinces pourraient enrichir la France de leur singularité, de leur « couleur », de leur langue vernaculaire, de leurs traditions et savoir-faire (gastronomie, artisanat...), tout en soulageant le millefeuille administratif. Il conviendra bien entendu de faire appel à l'intelligence de tous pour ajuster au mieux cette organisation. Corroborées à l'État ainsi qu'aux structures telles que le CESE et ses filiales territoriales, les provinces permettraient de créer un niveau de subsidiarité et de corriger la tendance centralisatrice. Une idée que portait déjà le Général de Gaulle en 1969...

Simplifier l'administration des territoires et en bannir la technocratie, c'est réinsuffler la vie. Chaque initiative locale est un acte de résistance à la mondialisation. Le sentiment d'identité, la fierté d'appartenir, d'être le gardien de son paysage... Tout cela doit permettre aux citoyens de se sentir aussi bien dans leur petit coin de France que dans le vaste monde.

Espaces solidaires, les communes sont les cellules-souches du sentiment d'appartenance.

Sans elles, point de Nation.

MES PROPOSITIONS

- **Pour une intercommunalité à taille humaine : abroger les lois NOTRe et Maptam.** La commune doit retrouver le choix d'intégrer ou non une intercommunalité à taille humaine et sans fiscalité directe.

- **Restaurer les compétences des communes ainsi que leur autonomie financière et fiscale.**

- **Reprendre la réflexion sur les Régions budgétivores et peu efficaces, en s'orientant vers des Provinces historiquement, politiquement, économiquement et culturellement cohérentes.** Ceci afin de valoriser les produits, les savoir-faire, les savoir-être et les langues patrimoniales. Ces Provinces permettront enfin les vrais choix territoriaux de demain.

- **Rétablir les mandats de député-maire et sénateur-maire afin de renouer le lien entre les territoires et la représentation nationale.**

Nos campagnes : grande cause nationale

FRANCE ÉTERNELLE, relève-toi.

Longtemps, l'Homme fut nomade. La voûte des cieux étoilés lui tenait lieu de toit. Il se réveillait au chant des oiseaux. La position du soleil dans sa course en guise de montre. Il était alors chasseur-cueilleur et farouchement libre.

À force d'emprunter toujours les mêmes sentes, à l'image des coulées des animaux sauvages, il décida un jour de demeurer. Souvent à proximité d'un point d'eau, au pied d'une montagne ou au bord du littoral, il se sédentarisa. Ici ou ailleurs, peu lui importait ; la terre était si vaste…

Alors, la géographie donna rendez-vous à l'histoire.

L'Homme construisit des huttes, érigea les premières barrières. Il apprit à cultiver et à élever. Des siècles durant, il a pris ses aises, ne rencontrant, dans le silence des espaces infinis, aucune concurrence.

Jusqu'à ce qu'un premier phénomène de concentration se fasse jour. Les villes sont apparues. Puis les révolutions industrielles. Le gris succéda au vert. La ville attira à elle toutes les lumières. Les campagnes, progressivement, se vidèrent. Moins confortables et plus laborieuses, elles furent dénigrées. Les jeunes femmes les délaissèrent en premier, peut-être effrayées par l'apparence gâtée de leurs mères pourtant pas si vieilles. Sans femmes, les hommes ne résistèrent pas longtemps. Arrivés en ville, ils cessèrent de se parler et de se connaître. La frénésie les emporta. « Le xxe sera le siècle de la vitesse » prophétisait Marinetti dans les lignes du *Figaro*.

Étrangement, une vie pleine et entière, solide et solidaire, a subsisté dans les campagnes. Certains courageux y vivent heureux encore aujourd'hui. Une plénitude qui enchante le corps et l'esprit dans leur entier. J'en sais quelque chose...

Les campagnes sont pourtant le théâtre d'un drame humain. Les paysans se suicident en cascade. Faillite ou productivisme : l'agriculture semble dans une impasse. Près de 150 000 exploitants sont sur le point de partir à la retraite ; moins de 5 % d'entre eux sont assurés d'une reprise.

Je l'ai connu, cet homme qui, au soir de sa vie, regarde un arbre entrer dans sa cuisine parce qu'il n'a plus la force de le repousser et qu'il n'y a plus personne pour l'aider. Il est unique et ils sont des milliers. Il est le dernier vestige, le dernier témoin. Ses enfants sont loin. Et il va mourir. Auparavant, même lorsque les guerres happaient les fils et privaient les campagnes de bras, il se trouvait toujours un cousin ou un voisin pour venir prêter main-forte et prendre la suite. Aujourd'hui, et pour la première fois dans l'histoire de l'humanité, un homme peut mourir en se sachant abandonné de tous et en contemplant la perte de sa vie et de sa lignée.

Autrefois nourricières, les campagnes sont exsangues.

L'Allemagne nous dispute le statut de leader agricole en Europe. La France importe 60 % des fruits qu'elle consomme, 40 % des légumes, 75 % des fleurs coupées, 50 % de la viande blanche et 25 % de la viande rouge. S'il n'y avait l'exportation de céréales, de vins et spiritueux pour la rendre excédentaire, la balance commerciale agricole de la France serait largement déficitaire.

La France dispose pourtant de toutes les ressources. Mais elle manque d'industries de première et deuxième transformations. Elle a été durement affectée par la Politique Agricole Commune (PAC), devenue une vaste politique environnementale différenciée, ni vraiment agricole ni vraiment commune, qui agit à l'encontre de la souveraineté alimentaire du continent et de la France.

L'Histoire est souvent tragique, mais elle est cyclique.

En dépit de leur disparition programmée, les campagnes veulent vivre. Vigilantes et prospères, elles apparaissent comme un nouvel Eldorado. Durant le covid, les citadins ont été nombreux à revenir vers les campagnes et à s'en émerveiller. Revigorés par ce « retour aux sources », ils en ont profité pour renouer des liens avec les gens du cru. Quand les restrictions ont pris fin, certains ne sont jamais retournés en ville. Ils sont demeurés « au vert », en télétravail ou cherchant à se reconvertir. D'autres songent à les rejoindre. Il n'est pas impossible qu'un mouvement inverse à l'exode rural s'amorce doucement. Une réflexion devra donc être menée en termes d'urbanisme pour évaluer la capacité des villages d'antan et du foncier disponible à accueillir ces populations contemporaines. Il suffirait de trois fois rien pour rendre la campagne à nouveau habitable.

Les arrondissements huppés de Paris ne doivent plus la considérer comme un poids mort, mais comme un espoir. Quand villes et banlieues sont archicombles, la campagne nous tend les bras comme une mère accueillant ses enfants le soir avec une miche de pain et une soupe chaude.

Les villages sont une sorte de Cité idéale où l'on renoue avec le plaisir de marcher librement et de se saluer le matin. Nombre de jeunes cadres aspirent à quitter les immeubles de verre pour apprendre des métiers plus physiques, peut-être plus humains.

Il faudra les former, les aider à s'installer, à repenser les infrastructures et les débouchés, les initier aux mystères du climat et du vent... Peut-être renoueront-ils avec ce lien charnel qui unit l'Homme à la terre dans le silence plein des bruissements de la Nature.

Le renouveau de l'agriculture et de la ruralité pourrait ainsi prendre la forme d'un authentique projet de société, associant l'ensemble des acteurs d'un territoire et d'une filière.

Les campagnes sont notre futur.

MES PROPOSITIONS

- **Affecter 3 milliards d'euros par an aux campagnes, grande cause nationale.**

- **Revoir la distribution de la PAC pour que les aides aillent aux paysans qui respectent leur terre et leurs bêtes, non à la spéculation foncière.** La répartition des aides demeure très inégalitaire : en 2015, 1,5 % des bénéficiaires ont touché plus de 30 % du montant total des aides de la PAC. Et les petits agriculteurs souffrent de cette mauvaise répartition.

- **Doter toutes les filières (agro-alimentaire, forestière, eau...) des outils de première et deuxième**

transformation au plus près des territoires de production. Ceci afin de conserver et de promouvoir emplois et valeur ajoutée locale.

- **Mettre en place un « ticket paysan » pour soutenir les circuits courts**, sur le modèle des « tickets-restaurants », en faveur des agriculteurs locaux et régionaux.

- **Replacer les coopératives agricoles sous la responsabilité directe des exploitants.**

- **Favoriser l'accès au foncier, la formation et la reconversion** pour faciliter la reprise des exploitations agricoles. Exonérer de taxes les héritages agricoles.

- **Désenclaver les campagnes** par le maintien ou la création d'écoles, transports, services de santé, téléphonie, fibre optique et 4G partout sur le territoire.

- **Pour s'adapter au mieux à la diversité des territoires soucieux de bâtir leur avenir, faciliter le changement d'usage agricole à usage d'habitation et renforcer les prérogatives de la SAFER en matière de préemption afin de protéger le potentiel des exploitations.** Il faut à la fois reconnaître l'agriculture d'intérêt général et permettre à des projets novateurs de naître dans nos campagnes, quand ceux-ci ne nuisent pas à celles-là. Par exemple favoriser la transformation des granges et fermes abandonnées en logements (pour nos jeunes où nos aînés), en industries adaptées ou en lieux culturels.

- **Développer des passerelles entre ruralité et centres urbains.** Par exemple en développant les projets alimentaires territoriaux pour soutenir les circuits courts et les produits locaux dans les cantines.

- **Conditionner l'octroi des Signes de Qualité et d'Origine (SIQO ; labels, AOC, AOP…)** à la transmissibilité des exploitations agricoles aux générations à venir (taille, capital, volume de travail…), au bien-être des paysans, aux qualités gustatives ainsi qu'aux bienfaits pour la santé des consommateurs.

- **Entretenir nos paysages, chemins et cours d'eau en biens communs.**

- **Défendre les traditions populaires et les pratiques ancestrales telles que la chasse et la pêche traditionnelles, qui font partie du patrimoine national.** Par ailleurs, la cohabitation entre les bergers et leurs troupeaux est incompatible avec la présence de prédateurs tels que les ours, les loups et les lynx. Il faudra en outre sortir des directives européennes « Habitats » et « Oiseaux » ainsi que de la Convention de Berne. Cela permettra de réengager une politique de fond basée sur la gestion en bien commun de notre patrimoine, adaptée à la taille et à la diversité d'un grand pays comme le nôtre. Cela permettra également au débat politique de se saisir de ces problématiques en les soustrayant au seul domaine juridique. Qu'on soit rural ou citadin, il convient de les traiter en responsabilité en assumant nos différences et en embrassant toute la réalité des vies concernées.

Culture et patrimoines

La culture est un indicateur de la bonne santé des sociétés.

Par temps prospère, le chanteur fredonne, le peintre trempe son pinceau dans les couleurs, le musicien fait des trilles, le comédien transcende son personnage… Spectateurs et amateurs d'art sont transportés. Un cercle vertueux s'enclenche. J'en veux pour preuve le nombre de tubes et de films inoubliables qui ont vu le jour pendant les Trente Glorieuses.

Les artistes, par la sensibilité et les pulsions qui les caractérisent, sont les premiers à sentir les changements de vent au sein d'une société. Impossible de créer si l'on est crispé.

Les raisons d'espérer se font rares, les sources d'inspiration se tarissent. L'excès de morosité tue la culture dans l'œuf. Quand un président de la République française veut « emmerder » les Français, quand les médias donnent une image périlleuse de la rue, quand ils ânonnent : « Casquez-vous », « Masquez-vous », « Méfiez-vous »... les citoyens préfèrent se terrer chez eux. Ils ne sortent plus. La fête est finie. La nuit parisienne est devenue morne plaine. Et cela depuis une date bien antérieure au covid. Tout est triste et contraint. La culture se fane. Même les comiques, si prompts à saisir l'air du temps avec une apparente légèreté, n'osent plus rire de rien.

S'ils rasent les murs, les artistes ne manquent pas. Alors comment réunir les conditions de leur réveil ? Comment stimuler leur inspiration ? Sont-ils découragés par la frontière qui sépare la création officielle, soutenue et marchande d'une part, et la création spontanée, marginale, de l'autre ?

Malgré un sentiment de révolte latent, nombre de citoyens aspirent à prendre part à la vie de la cité. Offrir un cadre trop rigide à leur expression ne donnerait pas forcément les résultats escomptés. Ainsi, il faut donner envie, encourager la joie, désinhiber la France. « Une certaine idée... » Et la culture refleurira.

Les festivals d'Avignon, de Cannes, d'Angoulême... sont de grands rassemblements créatifs. Nous pourrions nous en inspirer. De même que la Fête de la musique créée par Jack Lang fut un catalyseur d'énergies, donnons au peuple des occasions de se rassembler et de se réjouir. De grandes fêtes pourraient être fondées : Fête des Sports, Fête de l'engagement (humanitaire, associatif, bénévole…), Fête du Savoir. C'est le côté « bon vivant » et populaire de la culture.

Ma conviction en matière de détection des talents dès l'enfance pourrait également s'avérer porteuse. Car, comme tout, l'art s'apprend… et plus on commence tôt, plus on gagne les sommets. Accompagnons les parents, pour qu'ils cessent de décourager les vocations artistiques de leurs enfants.

Par ailleurs, je crois qu'il faut faire chanter la France. Car du chant naissent des sentiments sublimes. Chanter ne coûte rien. C'est une des expressions humaines les plus fortes. On chante l'enfant qui vient de naître. On chante le fils que l'on porte en terre. Le chant peut conduire des hommes à la mort ou réconcilier des ennemis mortels. Le chant est un vecteur d'émotions. Il élève ceux qui l'écoutent, brasse l'âme humaine dans un vertige qui va bien au-delà du divertissement.

Il faut réveiller la French Légèreté et je crois que cela peut être du ressort des hommes d'État, dont on sous-estime souvent le pouvoir immatériel.

Ainsi l'art peut tirer les larmes ou saisir de beauté ; il n'est pas qu'un passe-temps.

L'art libère des chaînes. L'art ennoblit.

D'ailleurs l'art véritable n'a pas besoin d'éducation pour être apprécié.

Le génie est toujours universel.

MES PROPOSITIONS

- Orienter les financements publics vers la création indépendante.
- Conditionner le financement public des médias privés et de la culture à l'indépendance des propriétaires.
- Créer un fonds dédié pour subventionner les lieux culturels qui facilitent l'accès aux plus défavorisés.
- Revaloriser le statut et le salaire des intermittents du spectacle.
- Créer la Fête des Sports (21 septembre), la Fête de l'engagement (21 décembre) et la Fête du Savoir (21 mars).

La Justice avant le droit

La justice ne répare pas, elle apaise. C'est une allégorie. Humaine par essence, elle demeure imparfaite. L'intervention d'un tiers pour résoudre les conflits permet de calmer les passions et de couper court au cercle vicieux de la vengeance.

L'acte de « rendre la Justice » signifie qu'il appartient au juge de réparer un déséquilibre. Celui qui a levé la main sur son prochain n'aspire pas forcément à être pardonné mais compris. De même, celui qui a reçu le soufflet n'aspire pas forcément à être dédommagé mais entendu. Un espoir de réhabilitation fait face à un espoir de dédommagement. C'est cela que le magistrat doit trancher, avec le savoir-faire, les lois et l'humanité dont il dispose. Pour être impartial, il ne doit pas trop s'émouvoir, même si juger son prochain suscite en soi beaucoup d'émotion. Avec sérénité, il parviendra peut-être à restaurer une forme de paix entre les parties.

Un bon juge n'est pas seulement un homme de droit qui connaît ses textes sur le bout des doigts, c'est aussi un homme de cœur et de valeur. Toute réforme de la Justice devrait avoir cela à l'esprit.

Je me trouvais à Angers lors du jugement de Xavier Bonnemaison, ancien médecin à l'hôpital de Bayonne, jugé pour avoir accompagné des patients à la mort sans avoir suivi le protocole en matière de soins palliatifs. À ma grande surprise, on m'invita à prendre la parole.

Je traversai la salle d'audience et marchai jusqu'au prétoire dans un silence de circonstance devant une trentaine de journalistes. La cour d'assises suspendue à mes lèvres, je remerciai son président et contai un après-midi de mes neuf ans.

– Viens, me dit mon Père, nous allons chez le voisin.

– Il est trop jeune, s'inquiéta Maman.

Intrigué par ce qui m'attendait, je parcourus avec mon père le kilomètre qui nous séparait de la maison la plus proche. La porte de la salle commune s'ouvrit. Le temps que mes yeux s'habituent à la pénombre, je distinguai les enfants, les petits-enfants et la femme du patriarche, lequel succombait à un cancer des poumons à l'étage supérieur, dans un râle permanent, effrayant les plus jeunes. Le docteur et le curé étaient là aussi. Tous deux m'inspirant une angoisse diffuse…

Le médecin nous quitta un instant pour aller visiter le mourant dans sa chambre. Lorsqu'il redescendit, je le trouvai marqué, l'air grave, comme un homme ayant fourni un grand effort à l'émotion contenue. La fille monta à son tour et réapparut presque aussitôt : « Papi s'en est allé », souffla-t-elle dans un sanglot. Monsieur le curé, qui ne parut pas autrement surpris, nous invita à le suivre pour donner l'extrême-onction. Ce fut mon premier mort. Et je fus frappé par la profonde paix qui régnait à son chevet.

Avec le recul, Monsieur le président, je ne pense pas que la présence du médecin soit tout à fait étrangère au départ du grand-père à ce moment-là. Comme par enchantement, notez que le curé avait été prévenu, ainsi que la famille et les proches, pour escorter ce grand départ. Monsieur Bonnemaison n'a-t-il pas, à cinquante ans d'intervalle, pris les mêmes dispositions ? Avec cette différence colossale que lui a agi sans voisins, sans curé et aux prises avec des familles en mésentente. Voilà en quoi consiste l'exercice désormais solitaire de la médecine. Un acte qui, hier, apaisa tout le monde, provoque aujourd'hui l'hystérie.

Je ne dis pas qu'il faut légiférer sur le sujet, car chaque cas est unique et la vie humaine ô combien précieuse. Je dis qu'il faut comprendre.

MES PROPOSITIONS

- **Renforcer la médiation dans le domaine de la justice. Soutenir les modes alternatifs de règlements des différends (MARD)** pour développer la négociation, la conciliation et la médiation, existant en trop petit nombre. Anciens juges, militaires, gendarmes, commandants de police, responsables syndicaux, cadres..., les médiateurs mettront leur savoir-faire au service de la France en permettant à la société de retrouver davantage d'harmonie. Plus nombreux, ils peuvent devenir **les nouveaux juges de paix,** qui intervenaient au niveau du canton jusqu'au milieu du siècle dernier. Le médiateur, tout en désengorgeant la justice, apporte une réponse non violente et non juridique à bien des conflits en restaurant le lien humain et en réparant le tissu social.

- **Augmenter le nombre de magistrats effectifs dans les tribunaux,** en organisant autrement leur recrutement et leurs détachements, à hauteur d'un tiers des promotions par concours et deux tiers par passerelle (sur concours 3e voie et/ou dossier), réservée à des praticiens des professions judiciaires ayant au moins quinze ans de pratique. S'agissant des magistrats administratifs, éviter le développement d'un corporatisme déjà présent.

- **Lancer un plan de construction de prisons** afin de garantir que les peines courtes seront appliquées et que les conditions d'hygiène / sécurité seront respectées. Elles devront être à taille humaine. Les TGI pourraient y contribuer, permettant de préparer une éventuelle reconversion.

- **Améliorer le dispositif de l'aide juridictionnelle.**

- **La formation en prison doit faire l'objet de partenariats plus importants avec le monde professionnel.** Il s'agit de former les détenus et de préparer leur reconversion en association avec les entreprises.

- **Légaliser le cannabis,** en encadrant strictement sa vente et en dédiant une grande part des recettes à la lutte contre l'addiction.

La Santé pour tous

L'HOMME doit assistance à l'Homme.

Pendant des siècles, la médecine, portée par la Recherche fondamentale, n'a eu de cesse de faire reculer la souffrance et la maladie, de permettre au corps de guérir et de perdurer. La montée en civilisation induite par la Déclaration des droits de l'Homme et du Citoyen a conduit à une sacralisation de la vie.

Puisqu'il n'y a pas de vie plus précieuse qu'une autre, les pouvoirs publics ont œuvré pour que l'égalité de l'accès aux soins soit une réalité sur l'ensemble du territoire. Ainsi la Santé ne devait pas être une chance réservée à une oligarchie mais un droit pour tous.

Comment supporter la régression à laquelle on assiste depuis quelques décennies ? Comment accepter qu'il y ait une médecine à deux vitesses ?

Dans ma région, il y a un hôpital pour 50 000 habitants ! Les personnels soignants sont tellement en sous-effectifs que les urgentistes ne peuvent plus porter secours sur le terrain. Malgré cette pénurie, une commission nationale a décrété qu'il ne fallait pas envoyer les internes dans les déserts médicaux pour ne pas les « traumatiser » ; ça ne s'invente pas… C'est pourtant là qu'on a le plus besoin d'eux !

Comment tolérer que certains citoyens se trouvent à plus de deux heures de route du premier hôpital ?

Comment imaginer que des femmes accouchent à nouveau sur le bord des routes ?

Comment expliquer que certaines cliniques aient été tenues à l'écart du covid alors qu'elles disposaient de lits inoccupés ?

Comment accepter que certains hôpitaux ne tiennent que grâce à l'engagement de vacataires courageux ? Que l'excès de paperasse décourage les titulaires ? Que des médecins n'aient d'autre choix que d'assurer les gardes sur leurs jours de repos ? Que l'on vole des chirurgiens à nos voisins à défaut de les former chez nous ?

Un tableau digne du Moyen Âge.

Si la Santé est, comme je le crois, un baromètre du degré de civilisation d'une société, nous sommes en grand péril. Le délabrement et la précarisation de l'accès aux soins sont d'autant plus douloureux que la France tombe de haut. Notre système de Santé fut l'un des meilleurs au monde, envié et copié par de nombreux pays. Spécialistes, techniques, Sécurité

Sociale : notre médecine tutoyait l'excellence et elle était gratuite ! Si nous avons atteint ce niveau d'exigence par le passé, il est possible de le reconquérir aujourd'hui. De haute lutte, il faut tout mettre en œuvre pour que jamais aucun Français ne soit mieux soigné qu'un autre. L'argent et la géographie ne doivent plus être facteurs d'inégalités.

Le remaillage médical de notre territoire n'est rien moins qu'un retour à l'humanité et à la civilisation.

Pour cela, arrêtons de faire de la Santé une source de profit. La philosophie républicaine (peut-être d'essence chrétienne) qui consiste à croire que chaque individu est unique et sacré induit un dogme concret : le financement à perte de la médecine.

Construisons des centres hospitaliers dans les déserts médicaux.

Créons des universités de médecine. La suppression du numerus clausus était une bonne chose mais elle ne s'est pratiquement accompagnée d'aucune place supplémentaire pour les étudiants. Recrutons des professeurs ; créons des bancs supplémentaires. La formation est la clef de voûte de l'avenir de notre système de Santé.

Pour répondre aux besoins des régions reculées, il faut, dès leurs études, inciter les professionnels à s'installer dans les territoires. Si on laisse faire la nature, les jeunes diplômés s'établiront davantage dans les villes. C'est pourquoi l'État financera les études de ceux qui s'engageront à demeurer six ans là où c'est le plus nécessaire. Une mise à disposition semblable à celle des hussards noirs de la République.

D'un point de vue pratique, et dans un souci de déterminer quelle compétence doit revenir à quelle collectivité territoriale, il faudrait supprimer les Agences Régionales de Santé et redonner vie aux Directions Départementales des Affaires Sanitaires et Sociales (DDASS). Placées sous l'autorité du préfet, elles me semblent être l'échelon adéquat pour interagir avec les cadres de Santé et les élus locaux.

Ainsi la volonté politique doit mettre en œuvre le respect de la personne humaine.

L'État doit permettre à l'Homme de retrouver l'Homme.

MES PROPOSITIONS

- **Avoir un hôpital à moins de 40 minutes de route, partout sur le territoire.**
- **Augmenter le nombre de places dans les universités de médecine, harmonieusement réparties sur le territoire.** Revoir les critères de sélection au concours pour les rendre plus adaptés au métier de soignant. Financer les études pour ceux qui s'engagent pour une durée de 6 ans dans les territoires déficitaires.

- **Ouvrir 20000 lits (y compris de réserve) avec le personnel soignant afférant.** Depuis 2013, 27000 lits d'hôpitaux ont été supprimés. Rien n'excuse une telle incurie.

- **Créer une unité de gestion des crises liées à la Santé (pandémies…).** Constituée de spécialistes, de travailleurs et d'usagers de la Santé, cette unité aurait pour mission de prévoir une organisation nationale en lien avec les Préfets et les élus locaux.

- **Remplacer les ARS par des DDASS : Directions Départementales des Affaires Sanitaires et Sociales.**

- **Recruter 100000 infirmières et aides-soignantes sur la durée de mon mandat.**

- **La Sécurité Sociale couvrira toutes les dépenses de Santé.** C'est le cas en Alsace-Moselle, où le système de sécurité sociale comprend un « régime local » complémentaire pour tous, ce qui évite un double traitement par le régime général puis par des « mutuelles ». Les remboursements sont ainsi gérés en une fois par les CPAM. La généralisation de ce système devrait permettre d'améliorer les remboursements et de simplifier la vie des assurés.

- **Rendre l'Agence Européenne du Médicament indépendante des laboratoires pharmaceutiques.**

- **Revoir le fonctionnement des « ordres » (médecins, infirmiers, kinés…) afin qu'ils travaillent mieux entre eux.** Revoir les statuts des professionnels de santé (ambulanciers, médecins, infirmières, aides-soignants, sages-femmes…). Reconnaître les spécialités et les valoriser, en créant de vrais statuts, avec des formations et une rémunération réévaluée, pour une meilleure reconnaissance des postes.

La fin des oubliés

Il n'y a encore pas si longtemps, la France était une maison commune où toutes les générations se retrouvaient.

En vantant le jeunisme et la célérité, la mondialisation a laissé sur le bord de la route les populations les plus vulnérables. Curieusement, l'État providence a fléchi dans la foulée, délaissant en partie les personnes en situation de handicap, les personnes âgées et les jeunes en situation précaire. La valeur d'un être humain ne se mesure pourtant pas à l'aune de son potentiel économique ni de son pouvoir d'achat.

Conforter chaque citoyen dans sa dignité et sa grandeur, voilà l'âpre combat de mes jours et de mes nuits.

Arrêtons-nous un instant sur le cas de nos anciens.

Lorsqu'elle cesse d'être active, la vieillesse n'est pas un naufrage ; c'est un autre continent.

Alors que l'espérance de vie a augmenté de vingt ans en trois générations, l'État doit prendre le quatrième âge en charge. Il doit accompagner cette rupture tragique de l'existence. Les aides à domicile étant trop coûteuses, nombre d'anciens sont placés en maison de retraite. Évitons qu'à l'approche de la fin, ils se sentent obligés de rompre toutes relations avec leurs enfants afin de ne pas être un poids pour eux. Une double peine. Parfois grabataires et séniles, nos aînés ne sont plus « productifs » aux yeux de l'économie de marché, pourtant leur richesse est immense. Ils sont les témoins, la mémoire vive de notre société. Nous ne pourrons pas bâtir l'avenir sans eux.

Sur les 10 500 maisons de retraite présentes sur le territoire français, 53 % appartiennent à l'État, 29 % à des associations (j'ai longtemps dirigé l'une d'elles) et 18 % à des entreprises commerciales. L'État doit, d'une manière ou d'une autre, encadrer les pratiques des établissements privés, afin qu'ils ne mégotent jamais sur les portions de carottes râpées ou le nombre de protections pour personnes incontinentes. Cela s'est vu !

Par ailleurs, beaucoup d'emplois restent à créer : aides-soignantes, personnel animant des ateliers adaptés au grand âge (peinture, théâtre, musique...). Je suis persuadé que ces évasions ouvrent la voie à une fin plus sereine. L'État devrait également encourager le bénévolat, cet état d'esprit selon lequel une action est rétribuée de manière symbolique. Donner de son temps sans être rémunéré est un trésor qui comble autant celui qui offre que celui qui reçoit.

Si la République doit veiller sur les plus fragiles, et notamment le 4e âge, elle pourrait adopter une démarche un peu plus proactive à l'égard du 3e âge. C'est la « silver économie », ou économie des seniors.

Selon la DREES, 3e et 4e âge représentaient, fin 2019, 17,8 millions de personnes, soit 27 % de la population française. Économiquement, c'est plus de 13 % du PIB, sans compter les 10 % qu'ils rétrocèdent à leurs descendants chaque année. Socialement enfin, 48 % des associations françaises (1,4 million) sont tenues par des retraités. En outre, ce sont encore bien souvent des retraités qui assurent le fonctionnement quotidien des plus petites communes. Sans oublier leur rôle d'aidants…

Ainsi les jeunes retraités en pleine possession de leurs moyens ont encore un rôle à jouer. Il arrive que leur inactivité les plonge dans un certain désarroi, un sentiment d'inutilité. Ils se sentent dépréciés, en un mot ils s'ennuient. Offrons-leur de retrouver leur estime et la place qui leur revient dans la société. Mettons leur disponibilité en face de besoins concrets demeurés sans réponse. Nos anciens pourraient aider la jeunesse, soit en la formant, soit en la soulageant dans sa tâche (en gardant par exemple les enfants).

Des incitations en ce sens, valables également pour les chômeurs, devraient permettre à la collectivité de renforcer les liens intergénérationnels.

Une France réunie d'un bout à l'autre de la vie.

MES PROPOSITIONS

LE HANDICAP

- **Définir une politique des handicaps, y compris non visibles.**

- **Restructurer les Maisons départementales de personnes handicapées** pour réduire les délais de prise en charge.

- **Supprimer les seuils d'âge de la prestation de compensation du handicap.**

- **Déconjugaliser l'allocation aux adultes handicapés,** c'est-à-dire quel que soit le revenu du conjoint.

- **Former et revaloriser les accompagnants d'élèves en situation de handicap.** Les AESH doivent recevoir une formation adaptée au regard des nombreux handicaps qu'ils peuvent rencontrer. Généraliser les temps plein à 24 heures avec un salaire net à 1 700 euros.

- **Revaloriser le statut et le salaire des aidants qui s'occupent de personnes en situation de handicap.**

- **Adapter les logements, centres de loisirs et équipements urbains aux personnes à mobilité réduite.**

LA JEUNESSE

- **RSA jeunes : étendre le dispositif actuel aux jeunes sur critères de revenus et/ou sous condition de formation.** Il ne concerne aujourd'hui que les jeunes parents d'enfants et ceux qui peuvent justifier d'heures de travail.

- **Accorder aux étudiants un prêt de 20 000 euros à taux zéro, garanti par l'État.**

- **Mettre en place un suivi psychologique et une insertion des élèves victimes de harcèlement.** Les professeurs et les parents d'élèves sont souvent impuissants face à ce phénomène qui sévit de plus en plus par manque de moyens ou d'aide de la hiérarchie.

- **Encourager les temps d'activités périscolaires.** Rythme scolaire qui servira à l'apprentissage du sport, de l'art, de la littérature, de la culture. Pour la découverte de nouvelles passions ou vocations.

- **Étendre la gratuité des transports publics ou la création de tarifs préférentiels pour les jeunes.**

- **Pour le logement étudiant : développer les logements intergénérationnels, facteurs de cohésion sociale entre les personnes âgées, souvent isolées (un phénomène accentué avec le covid-19).** Les étudiants peuvent par exemple effectuer quelques heures dans ces logements auprès des personnes âgées en échange de loyers préférentiels. Ce système a été mis en place avec succès dans des résidences à Toulouse.

LE QUATRIÈME ÂGE

- **Reconnaître aux 17,8 millions de retraités la qualité et le statut de troisième partenaire social officiel**, en leur donnant à parité avec les deux autres partenaires (syndicats de salariés et organisations professionnelles d'employeurs) l'accès au Conseil Économique Social et Environnemental, au Conseil d'Orientation des Retraites, au Comité de Suivi des Retraites, à toutes les caisses qui les concernent sans exception (qu'elles soient de base comme les Caisses Nationales d'Assurance-Vieillesse ou d'Assurance-Maladie ou complémentaires, privées ou publiques), y compris la future Caisse Nationale de Retraite Universelle, qui en l'état usurpe doublement et honteusement son appellation puisque, sans les 18 millions de retraités, elle ne peut bien évidemment se prétendre ni nationale ni universelle.

- **Garantir par la Constitution et au titre de la solidarité intergénérationnelle, le maintien absolu du pouvoir d'achat des retraités face à l'inflation.** Il s'agit notamment, en le gravant dans le marbre de la Constitution, d'interdire toute discrimination fiscale ou sociale (exemple la dernière majoration de CSG), dont le poids effectif et définitif pèserait uniquement sur les retraités.

- **Revaloriser le statut et le salaire des aides à domicile qui s'occupent de personnes en situation de dépendance.**

Une France sûre et paisible

DERRIÈRE LE MIRACLE des Trente Glorieuses, la société commençait à se lézarder : déclassement des campagnes, ghettoïsation des cités, précarisation d'une partie de la population… Or les écarts, on le sait, font le lit de la violence.

Parce que la paix sociale et la sécurité sont les premières victoires de la civilisation, il est urgent de reconquérir les territoires et les citoyens oubliés de la République.

La sécurité intérieure, c'est vivre partout sous les mêmes lois et le même climat de confiance. Or, il se trouve hélas des coins de France où l'on s'insulte, où l'on se menace et où l'on s'entre-tue. Où l'ordre républicain s'est effacé au profit de la loi de la jungle. C'est inadmissible.

Je déplore de même que l'État mégote sur des moyens modestes. Par exemple, la suppression de quatre motos affectées au service des douanes chargé de veiller sur la frontière pyrénéenne. Conséquence : cols fermés et passage de drogue en roues libres.

Cela étant dit, quelle réponse apporter aux incivilités ?

Exclure et sanctionner ne me semblent pas être les seules réponses appropriées. Tout un panel de mesures peut être mis en place en amont de la condamnation.

La sécurité est l'affaire de tous.

Encore une fois, la Recherche et l'Instruction, leviers connus et éprouvés, devront nous permettre d'œuvrer à la paix sociale. La Recherche nous aidera à comprendre où le bât blesse. Quant à l'École, elle est un creuset de civisme et d'humanité qui redonnera des bases saines à notre contrat social.

Le maire aussi a une partition à jouer. Premier officier de police judiciaire, celui-ci avait autrefois un rôle pacificateur. Sa parfaite connaissance du terrain, sa proximité avec les habitants, ainsi que les pouvoirs qui lui étaient conférés lui permettaient de résorber nombre de conflits avant qu'ils n'éclatent.

Imaginons qu'un citoyen de la commune perde son travail. Pierre roule vite, boit, se montre grossier envers son épouse. Le climat familial s'envenime… Informé de la situation, le maire parle au gendarme pour déterminer lequel des deux est le plus à même d'aller ouvrir la discussion. Passé le rejet et la colère, Pierre se calme, se sent compris, entouré... et accepte d'amender son comportement. Combien de concitoyens ai-je ainsi remis à flot par l'écoute et la conciliation ? Car, laisser Pierre s'enferrer dans son abandon, c'est le condamner à devenir violent à la maison et à multiplier les infractions au volant. Or la sanction fait parfois plus de mal que de bien. Être privé de permis de conduire en zone rurale (avec autrefois des délais hallucinants avant de pouvoir le repasser, revus de 36 à 6 mois) c'est souvent voir sa vie entière être ruinée.

Il faut passer d'une logique de sanction seule à une logique de prévention et de sanction. Cette mission capitale mériterait à elle seule que l'autorité du maire soit réhabilitée.

Les villes étant de plus en plus grandes, le maire, même doté de toutes ses compétences, ne peut bien sûr pas être le seul à veiller sur les administrés. Policiers et gendarmes peuvent lui suppléer. Il faut renforcer leurs effectifs là où ils font défaut (banlieues bondées et campagnes esseulées, toutes deux en crise d'identité) en insistant sur leur rôle pacificateur.

Le corps des Renseignements Généraux pourrait également être remis sur pied. Ces inspecteurs de police infiltraient autrefois (sur ordre des préfets) les réunions sujettes aux tensions de la société civile : camionneurs en colère, agriculteurs mijotant une grève, etc. Ils faisaient ainsi remonter l'information en haut lieu. La plupart du temps visible et accepté, leur simple présence autour de la table était un facteur de lien. On peut déplorer que le travail de la DGSI se fasse essentiellement derrière les écrans, suscitant méfiance et manœuvres souterraines.

Dans la même logique, je crois qu'il faut doter le territoire de médiateurs capables de déminer les conflits. Ce métier est un des plus difficiles qui soit. Il exige une formation rigoureuse et une grande maîtrise de soi pour faire face à toutes les situations. Un médiateur œuvrant dans le long terme peut être plus efficace que dix policiers. À ceux que cette idée laisse perplexes, je répondrai la phrase de Schopenhauer : « Toute vérité franchit trois étapes. D'abord elle est ridiculisée. Ensuite elle subit une forte opposition. Puis elle est considérée comme ayant toujours existé. »

J'ai moi-même fait l'expérience des qualités intérieures qu'il faut déployer pour barrer la route à la violence. Raillé dans la cour de récréation, je demeurais ce pauvre gamin incapable de se défendre : trop grand, vivant en dehors du village, éternel bouc émissaire. Combien de fois suis-je rentré le nez en sang à la maison… Puis vint le jour où je cessai d'être timide, où j'assumai ma taille et découvris un rôle de leader tendre. Je rassurais…

Lors d'un voyage à New York, j'ai quitté la délégation officielle pour me rendre dans le Bronx.

Le chauffeur de taxi m'a déposé à distance respectueuse du quartier chaud, non sans avoir dessiné des croix sur la poussière de la carrosserie pour donner une idée de ce qui m'attendait. Je suis resté trois jours et trois nuits sans donner de nouvelles, provoquant la panique dans les services de l'Ambassade de France. Rencontrant des caïds qui étaient tout sauf des enfants de chœur, j'ai compris que la bataille était d'ordre psychologique. Il fallait répondre à la nervosité par un calme toujours plus grand. Ne pas lever les yeux trop tôt. Et surtout laver son regard de toute crainte, qui peut être confondue avec de l'agressivité. Une lame de rasoir à portée de main, les chefs de gangs vous acceptent ou vous plantent en moins de temps qu'il ne faut pour le dire. Au bout de trois jours et à ma grande surprise, ils m'avaient adopté, allant jusqu'à escorter mon retour dans les quartiers chics...

Une expérience semblable dans les banlieues françaises me conforta dans l'idée que le médiateur doit posséder les mêmes qualités qu'un commissaire de police, taser et brigade en moins. Je ne suis pas naïf, je sais qu'il faudra du temps pour qu'un tel citoyen (recruté par la ville) se fraye un chemin au sein des gangs et que son travail porte ses fruits. Mais partout où il pourra entretenir la discussion, la République aura triomphé.

Lors d'une incursion dans ces zones dites de « non droit », j'ai été bouleversé de voir que, passée l'animosité première, un habitant m'a reconnu : « Regardez, c'est le député qui marche ! » Les fenêtres des HLM se sont ouvertes les unes après les autres. Femmes et enfants ont commencé à m'acclamer. Ils descendirent bientôt au pied des tours pour m'entourer et me prendre en photo, au point de mettre en fuite le dealer qui me taraudait. Comment expliquer une telle liesse ? Malgré mon costume cravate, ils sentaient que je n'étais pas un technocrate. Les Français savent que je suis l'un des leurs. Un gars du cru. La chaleur humaine et l'accent ne se décrètent pas. C'est cette identité, précisément, qui rendit la rencontre possible...

Bien sûr, il ne faut pas faire d'angélisme ; la médiation ne peut pas tout. Prendre conscience des soixante-dix ans de silence qui accablent nos banlieues serait déjà un grand pas. Il y a aussi cet arc électrique invisible qui relie les deux rives de la Méditerranée, qui grésille en permanence et décharge lorsqu'une petite déflagration a lieu à Beyrouth ou Alger. On en revient, encore et toujours, à l'École et à la Recherche. On ne peut imaginer de réconciliation nationale sans un suivi psychologique de ceux qui se sentent déclassés. Aujourd'hui c'est parfois le cadet d'une fratrie qui se montre le plus violent. J'ai vu des gamins de onze ans manier des fusils d'assaut... Tout drame majeur exige une thérapie.

Enfin, il faudrait mettre en place une politique urbanistique (auxquelles les populations seront associées) pour abattre les tours de béton, inhumaines.

Changer de cadre de vie, c'est déjà changer de mentalité. Un effort semblable à celui fourni par l'Allemagne au moment de la réunification entre RDA et RFA.

MES PROPOSITIONS

LA POLITIQUE DE LA VILLE ET DU LOGEMENT

- **Ouvrir des « états généraux pour la banlieue » :** élaborer un plan de coconstruction de la politique de la ville avec les citoyens, les élus, les acteurs institutionnels et associatifs.

- **Assurer un toit à chaque personne sans abri.** D'abord en améliorant l'information et la prévention (Samu social, maraudes, etc.). Ensuite en encourageant le bénévolat. Enfin en travaillant à des solutions pérennes : augmenter les logements sociaux à bas loyer pour les personnes avec faibles ressources, mieux accompagner l'accès aux services de santé, démarches administratives, etc.

- **Faire respecter la loi SRU** qui, pour une meilleure mixité sociale, impose un certain nombre de logements sociaux aux communes de plus de 3 500 habitants (de 20 à 25 %). En 2019, 53 % du millier de communes concernées n'atteignaient pas ce seuil.

- **Augmenter le montant des APL (Allocations personnalisées au logement), notamment pour les jeunes.** Après plusieurs années de gel des APL, une augmentation de 88 centimes a été annoncée à l'automne 2021 ; c'est insuffisant. Revenir enfin sur la réforme de 2020 qui a fait plus de perdants que de gagnants.

- **Encadrer les loyers : opérer un meilleur contrôle.** Par exemple à Paris, une annonce sur deux ne respecterait pas le seuil fixé.

- **Favoriser un accès au logement pour les primo-accédants et les locaux** avant les logements touristiques et les résidences secondaires.

- **Développer le principe de la location-accession.** Le locataire devient automatiquement propriétaire dès que le montant des mensualités correspond à la valeur du bien.

LA SÉCURITÉ

- **Recruter 6 000 gendarmes et policiers.**

- **Ouvrir sur de larges horaires 2 000 bureaux de police et gendarmerie dans les quartiers et les bourgs. Recréer les conseils de quartier. Ouvrir les veilles de nuit.**

- **Renforcer les effectifs des douanes et les forces frontière où se concentre l'immigration illégale.** Respecter le droit d'asile, droit fondamental.

- **Remettre des officiers traitants sur le terrain pour faire remonter les informations secret-défense et les traiter.**

- **Créer une Unité de réserve communale de sûreté (URCS).** Fondée et organisée par un texte voté au conseil municipal, elle sera composée de volontaires ayant signé un engagement et aura pour vocation d'aider la police municipale locale sur simple demande du maire. Une unité pilote devait voir le jour fin 2021 dans le village de Simiane Collongue, dans les Bouches-du-Rhône. Parmi les missions possibles, l'URCS pourra renforcer la police municipale pour le marché de Noël, aider à l'organisation d'un centre de vaccination éphémère en période de pandémie, etc.

La France force de paix

« FRANCE, FRANCE, sans toi le monde serait seul ! », clamait Victor Hugo dans *La Légende des siècles.*

Souvenez-vous des années d'après-guerre, lorsque les grandes Nations se serraient la main dans les organisations internationales en disant « jamais plus ! » Lorsque Margaret Thatcher devisait avec Helmut Schmidt. Lorsque l'on brandissait l'idéal d'une « union » européenne, comme un antidote au virus de la haine. Lorsque l'espace Schengen et les échanges Erasmus présageaient d'un avenir idéal.

Mais… la rapacité des fonds de pensions américains est arrivée en Europe dans l'ombre de nos libérateurs. Ces derniers ont greffé des idées jeunes sur un vieux continent. J'ai beaucoup de respect pour le Colorado, mais ce n'est pas la Rome antique, qui a tenu le devant de la scène pendant sept siècles. Les prétentions d'une organisation fédérale ne siéent pas aux vieilles Nations : millefeuille de ruines grandioses lentement infusées. Quant aux États-Unis, rappelons quand même que les tours de Manhattan sont bâties sur les ossements encore tièdes des Indiens d'Amérique : l'un des plus grands génocides de l'Histoire. Ça laisse des traces… y compris dans l'inconscient collectif d'un peuple de pionniers.

Ainsi la gangrène est apparue dans les années 1990.

La construction européenne est allée trop loin. Maastricht, qui l'emporta d'un souffle, et la monnaie commune ont sapé les bases des souverainetés nationales. Fondé sur le mark, l'euro priva les devises plus faibles des variables d'ajustement indispensables. En l'absence de droit fiscal et social commun, cela ne pouvait que mener les petits pays à la ruine. Voir les naufrages du Portugal et de la Grèce en 2014. Les crédits sociaux européens montrèrent leurs limites. Vint le temps du désenchantement, des écarts et des inégalités, plus criants que jamais. Nous nous sommes retrouvés dans un enfer où tout s'achète et se vend, même un sourire. Nos dirigeants ont été mis en position de fragilité, incapables de savoir s'ils devaient œuvrer pour leur peuple ou pour les instances supranationales.

Alors, que faire ?

Nombre de candidats à l'élection présidentielle veulent détricoter l'Europe. Certains appellent le « Frexit » de leurs vœux. Je pense que notre pays, déjà fracturé, n'y survivrait pas. Je défends une Europe des Nations, qui renoncera à ses visées fédéralistes pour être plus respectueuse de la souveraineté de ses membres. Nous partageons une même terre, les mêmes fondements religieux, philosophiques et linguistiques.

Les vieilles Nations jouent encore en première division de l'Histoire.

Cette Europe nouvelle (resserrée depuis que les Anglais ont sauté du train), la France pourrait en être l'inspiratrice. L'Allemagne, qui forme avec elle le duo de tête, n'a pas vocation à endosser un tel rôle. Les Britanniques vantent souvent le *French Flair*, ressuscitons-le. D'ailleurs un certain nombre de réalités concrètes justifieraient que la France se place à la proue de l'Union Européenne.

En premier lieu le fait qu'elle supporte à elle seule la défense et la géopolitique de l'Europe. La France dispose d'une géographie et d'une façade maritime exceptionnelles. Les États membres vivent (sans contreparties) sous le parapluie de la Défense française.

Telle *La Liberté guidant le peuple* de Géricault, la France peut encore être un phare.

Le prochain président français devra ainsi prendre des initiatives pour définir les nouvelles orientations :

- revaloriser la langue française au sein des institutions européennes ;
- réduire drastiquement la technocratie ;

- discuter avec les Allemands de l'opportunité de se doter d'un second sous-marin ;
- restaurer notre influence pacifique aux Proche et Moyen-Orient ;
- créer une force de « réparation » intervenant en aval des conflits armés de par le monde pour œuvrer à la cicatrisation économique et sociale des pays meurtris ;
- encourager les États de l'ancien Pacte de Varsovie, qui vivent toujours dans la crainte de la Russie, à investir chez nous en matière de défense plutôt que chez les Américains ;
- ne plus jamais transposer de directives européennes en droit français sans un véritable débat à l'Assemblée nationale ;
- insister sur le respect absolu de la souveraineté populaire. Un scandale comme celui du référendum de 2005 ne doit jamais se reproduire. Rappelons que l'adoption de la Constitution Européenne a été rejetée par les Français appelés aux urnes à 54,68 %. Faisant fi de la volonté citoyenne, le Parlement s'est réuni à Versailles et la Constitution a vu le jour (Traité de Lisbonne). Sénateurs et députés ont ouvertement trahi leurs électeurs. Une conjuration qui a fait le lit de la défiance légitime qui frappe la classe politique dans son ensemble.

Ainsi la diplomatie tricolore pourrait inspirer et guider l'Europe. Elle pourrait inviter les autres

Nations (comme de Gaulle invita jadis Adenauer) autour d'une table pour définir les nouveaux contours de cette Union. Le changement serait en outre conduit par les chefs d'États eux-mêmes plutôt que par leurs adjoints et hauts fonctionnaires.

À l'échelle du monde, la France doit redevenir un acteur incontournable du jeu diplomatique. En œuvrant à la résolution non violente des conflits, elle assumerait ainsi son rôle historique, sa vocation universelle de Patrie des Droits de l'Homme.

MES PROPOSITIONS

DANS L'EUROPE DES NATIONS

- **Débattre et voter au Parlement toute législation d'origine européenne au lieu de laisser l'exécutif approuver par ordonnance pour les transposer en droit français.**

- **Pouvoir coopérer de manière bilatérale avec nos voisins, au cas par cas, selon les projets.**

- **Revoir la participation financière de la France au budget européen.**

- **Réviser nos marges de décision sur le budget, la PAC, la Directive habitats...**

- **Retirer à la Commission européenne la mission de représenter la France dans les traités de protections des investissements internationaux.** Et interrompre la négociation de tels accords (CETA...)

DANS LE MONDE

- **Préparer notre désengagement de l'OTAN.**

- **Ouvrir le Conseil de Défense à la représentation nationale** afin de contrôler (par référendum ou vote au Parlement) l'engagement ou le retrait des forces françaises impliquées dans un conflit.

- **Rapatrier le commandement des forces françaises des Émirats Arabes Unis à La Réunion.**

- **Revoir les traités de défense passés avec nos anciennes colonies.**

- **Permettre au Parlement de contrôler nos ventes d'armes à l'étranger.**

- **Rebâtir notre industrie d'armement et d'équipement.**

- **Renforcer notre 4e armée pour la cyberdéfense,** indépendante des sociétés informatiques et lui allouer un budget conséquent (1/4 de celui consacré aux autres armées).

- **Créer une Garde nationale pour doter notre armée régulière d'une force d'appoint.**

POUR LA FRANCE ULTRAMARINE

- **Renforcer les liens avec les territoires d'Outre-mer.** Ces merveilleux bouts de France présents sur tant de mers et d'océans sont un prolongement heureux de ce que nous sommes et une partie constitutive de ce que nous représentons. Notre pouls est le même sous toutes les latitudes. Hélas, nous avons trop souvent livré les territoires ultramarins à eux-mêmes, confrontés à des problèmes qu'ils ne peuvent résoudre seuls. Le temps est venu de leur manifester à nouveau notre amour sans limites et la profondeur de notre attachement. Ils nous ont choisis quand nous les avons choisis. Ils nous chérissent comme nous les chérissons. Ôtons-leur donc ce sentiment diffus d'abandon. S'ils sont souvent frappés par de grandes difficultés, ils disposent d'atouts que nous pouvons décliner ensemble. Ils sont eux aussi fous d'amour de leurs terres, de nos terres, du même soleil, de la même mer, de la même chlorophylle, c'est-à-dire des plus grands atouts de demain. Leur rester fidèles autant que nous nous sommes efforcés de l'être, en dépit de tant de vicissitudes, constitue l'une de nos raisons d'être sublimes. Notre développement partagé et notre bien-être seront l'une de mes priorités essentielles.
- **Développer le tourisme ultramarin et le tourisme d'excellence par des aides de l'État plus conséquentes.** Nous devons construire aussi le magnifique centre dédié à la mémoire et à la connaissance de l'Homme.
- **Peaufiner avec les territoires d'Outre-mer notre grand dessein de développement des énergies**

nouvelles. En attendant, nous devons travailler à la **prévention des ouragans et des tempêtes.** Nous devons mettre au point un dispositif leur **assurant l'eau potable et l'assainissement** qui leur font souvent si cruellement défaut.

- **Lutter contre les inégalités territoriales plus criantes dans le domaine de la santé notamment.**

EN AFRIQUE

- **Soutenir l'effort d'instruction dans les pays qui le désireraient. Préparer les bases d'échanges équitables. Soutenir le développement des infrastructures africaines, notamment les télécommunications,** facilitant les relations culturelles et économiques. La France pourra ainsi devenir le premier pays occidental à initier une relation nouvelle et humaine, respectueuse de l'Homme, des us et coutumes. Une relation à la mesure du futur plus grand continent du monde. Nous partageons cette même Méditerranée, véritable mer-continent à l'origine de notre histoire commune.

- **Mettre fin à la supervision du franc CFA par le Trésor français.**

La relation Est-Ouest, nouvelle au regard de l'Histoire, occupe une grande partie de notre temps. La relation Nord-Sud remonte à des siècles et pendant longtemps nous ne connûmes qu'elle. Il est grand temps de la remettre à sa juste place et au goût du jour.

Françaises, Français,
Mes Chers Compatriotes,

Liberté, Égalité, Fraternité.

J'ai la devise de notre République tatouée sur le cœur et ne connais pas de plus beau programme.

Mon projet pour la France se distingue par l'esprit de concorde et d'harmonie qui l'anime.

Je veux permettre à tous les citoyens et à toutes les institutions, de l'École à la Recherche en passant par les organes de pouvoir, d'œuvrer de concert au bien commun.

Refonder un État symbole et outil, encourager les Français à participer à la vie publique, protéger nos savoir-faire et notre indépendance économique, restaurer les pouvoirs des communes, valoriser les richesses des campagnes, fédérer la jeunesse autour de valeurs civiques, voilà les leviers de notre souveraineté.

Comme dans un être vivant, chaque cellule contribuera à la bonne santé de l'organisme.

Ensemble, nous avons un destin à forger.

Je ne suis le candidat d'aucun clan, d'aucun lobby. Je ne me suis jamais vendu. Je n'ai jamais trahi. Toute ma vie, je me suis efforcé de demeurer indépendant. Je suis un non-aligné, passionné par l'Intérêt Général et la vie de la Cité. Mais surtout, je suis au service de la France. Votre obligé.

Si la France vient à bout des fractures qui la fragilisent, si elle choisit un président à la hauteur de ses enjeux, si elle tend la main aux offensés en posant les bases d'un nouveau contrat social, si elle retrouve la voie de la prospérité, dans un esprit de voisinage et de solidarité, elle pourra à nouveau, libre et fraternelle, inspirer les autres nations.

Car, être Français, c'est être comptable du destin de l'Humanité tout entière.

Mes plus fraternels remerciements à celles et ceux qui ont contribué à ce projet collectif, pour notre grand et beau pays. Il est riche de toutes ces années passées à vos côtés et à votre écoute.

Aux coordonnateurs des groupes de travail qui ont mené ces réflexions et ces propositions dans un esprit d'intelligence partagée.

À celles et ceux que j'ai rencontrés durant ces années, pendant mon tour de France à pied, puis lors de mon tour d'Europe.

À ma famille, ma femme et mes enfants, et à mes proches.

Achevé d'imprimer en février 2022
sur les presses de la Source d'Or
58500 Clamecy
Numéro d'impression : 202395
Imprimé en France

La Source d'Or est titulaire de la marque Imprim'Vert®